曾敬光先生在图书馆

曾敬光先生查视重病卧床患者

曾敬光先生亲自为患者煎药

曾敬光先生青年时期勤奋好学

曾敬光

川派中医药名家系列丛书

朱鸿秋　主编

中国中医药出版社

·北　京·

图书在版编目（CIP）数据

川派中医药名家系列丛书 . 曾敬光 / 朱鸿秋主编 . —北京：中国中医药
出版社，2018.12
ISBN 978 - 7 - 5132 - 4986 - 7

Ⅰ . ①川…　　Ⅱ . ①朱…　　Ⅲ . ①曾敬光—生平事迹　②中医临床—经验
—中国—现代　Ⅳ . ① K826.2　② R249.7

中国版本图书馆 CIP 数据核字（2018）第 102049 号

中国中医药出版社出版

北京市朝阳区北三环东路 28 号易亨大厦 16 层
邮政编码　100013
传真　010-64405750
廊坊市祥丰印刷有限公司印刷
各地新华书店经销

开本 710×1000　1/16　印张 10.75　彩插 0.5　字数 187 千字
2018 年 12 月第 1 版　2018 年 12 月第 1 次印刷
书号　ISBN 978 - 7 - 5132 - 4986 - 7

定价　49.00 元
网址　www.cptcm.com

社 长 热 线　010-64405720
购 书 热 线　010-89535836
维 权 打 假　010-64405753

微信服务号　zgzyycbs
微商城网址　https://kdt.im/LIdUGr
官 方 微 博　http://e.weibo.com/cptcm
天猫旗舰店网址　https://zgzyycbs.tmall.com

如有印装质量问题请与本社出版部联系（010-64405510）

曾敬光先生手抄书《逐病》

曾敬光先生晚年

曾敬光先生部分手抄病案及书稿

曾敬光先生手抄《温病全书》

曾敬光先生手写处方

全国中医辞典审稿会（第一排右二）

《中华大典·医学分典》论证会全体代表合影（第一排左五）

总序————————加强文化建设，唱响川派中医

四川，雄居我国西南，古称巴蜀，成都平原自古就有天府之国的美誉，天府之土，沃野千里，物华天宝，人杰地灵。

四川号称"中医之乡、中药之库"，巴蜀自古出名医、产中药，据历史文献记载，自汉代至明清，见诸文献记载的四川医家有1000余人，川派中医药影响医坛2000多年，历久弥新；川产道地药材享誉国内外，业内素有"无川（药）不成方"的赞誉。

医派纷呈　源远流长

经过特殊的自然、社会、文化的长期浸润和积淀，四川历朝历代名医辈出，学术繁荣，医派纷呈，源远流长。

汉代以涪翁、程高、郭玉为代表的四川医家，奠定了古蜀针灸学派。郭玉为涪翁弟子，曾任汉代太医丞。涪翁为四川绵阳人，曾撰著《针经》，开巴蜀针灸先河，影响深远。1993年，在四川绵阳双包山汉墓出土了最早的汉代针灸经脉漆人；2013年，在成都老官山再次出土了汉代针灸漆人和920支医简，带有"心""肺"等线刻小字的人体经穴髹漆人像是我国考古史上首次发现，应是迄今

我国发现的最早、最完整的经穴人体医学模型，其精美程度令人咋舌！又一次证明了针灸学派在巴蜀的渊源和影响。

四川山清水秀，名山大川遍布。道教的发祥地青城山、鹤鸣山就坐落在成都市。青城山、鹤鸣山是中国的道教名山，是中国道教的发源地之一，自东汉以来历经 2000 多年，不仅传授道家的思想，道医的学术思想也因此启蒙产生。道家注重炼丹和养生，历代蜀医多受其影响，一些道家也兼行医术，如晋代蜀医李常在、李八百，宋代皇甫坦，以及明代著名医家韩懋（号飞霞道人）等，可见丹道医学在四川影响深远。

川人好美食，以麻、辣、鲜、香为特色的川菜享誉国内外。川人性喜自在休闲，养生学派也因此产生。长寿之神——彭祖，号称活了 800 岁，相传他经历了尧舜夏商诸朝，据《华阳国志》载，"彭祖本生蜀"，"彭祖家其彭蒙"，由此推断，彭祖不但家在彭山，而且他晚年也落叶归根于此，死后葬于彭祖山。彭祖山坐落在成都彭山县，彭祖的长寿经验在于注意养生锻炼，他是我国气功的最早创始人，他的健身法被后人写成《彭祖引导法》；他善烹饪之术，创制的"雉羹之道"被誉为"天下第一羹"，屈原在《楚辞·天问》中写道："彭铿斟雉，帝何飨？受寿永多，夫何久长？"反映了彭祖在推动我国饮食养生方面所做出的贡献。五代、北宋初年，著名的道教学者陈希夷，是四川安岳人，著有《指玄篇》《胎息诀》《观空篇》《阴真君还丹歌注》等。他注重养生，强调内丹修炼法，将黄老的清静无为思想、道教修炼方术和儒家修养、佛教禅观会归一流，被后世尊称为"睡仙""陈抟老祖"。现安岳县有保存完整的明代陈抟墓，有陈抟的《自赞铭》，这是全国独有的实物。

四川医家自古就重视中医脉学，成都老官山出土的汉代医简中就有《五色脉诊》（原有书名）一书，其余几部医简经初步整理暂定名为《敝昔医论》《脉死候》《六十病方》《病源》《经脉书》《诸病症候》《脉数》等。学者经初步考证推断极有可能为扁鹊学派已经亡佚的经典书籍。扁鹊是脉学的倡导者，而此次出土的医书中脉学内容占有重要地位，一起出土的还有用于经脉教学的人体模型。唐代杜光庭著有脉学专著《玉函经》3 卷，后来王鸿骥的《脉诀采真》、廖平的《脉学辑要评》、许宗正的《脉学启蒙》、张骥的《三世脉法》等，均为脉诊的发展做出了贡献。

昝殷，唐代四川成都人。昝氏精通医理，通晓药物学，擅长妇产科。唐大中年间，他将前人有关经、带、胎、产及产后诸症的经验效方及自己临证验方共378 首，编成《经效产宝》3 卷，是我国最早的妇产科专著。加之北宋时期的著名妇产科专家杨子建（四川青神县人）编著的《十产论》等一批妇产科专论，奠定了巴蜀妇产学派的基石。

宋代，以四川成都人唐慎微为代表撰著的《经史证类备急本草》，集宋代本草之大成，促进了本草学派的发展。宋代是巴蜀本草学派的繁荣发展时期，陈承的《重广补注神农本草并图经》，孟昶、韩保昇的《蜀本草》等，丰富、发展了本草学说，明代李时珍的《本草纲目》正是在此基础上产生的。

宋代也是巴蜀医家学术发展最活跃的时期。四川成都人、著名医家史崧献出了家藏的《灵枢》，校正并音释，名为《黄帝素问灵枢经》，由朝廷刊印颁行，为中医学发展做出了不可估量的贡献，可以说，没有史崧的奉献就没有完整的《黄帝内经》。虞庶撰著的《难经注》、杨康侯的《难经续演》，为医经学派的发展奠定了基础。

史堪，四川眉山人，为宋代政和年间进士，官至郡守，是宋代士人而医的代表人物之一，与当时的名医许叔微齐名，其著作《史载之方》为宋代重要的名家方书之一。同为四川眉山人的宋代大文豪苏东坡，也有《苏沈内翰良方》（又名《苏沈良方》）传世，是宋人根据苏轼所撰《苏学士方》和沈括所撰《良方》合编而成的中医方书。加之明代韩懋的《韩氏医通》等方书，一起成为巴蜀医方学派的代表。

四川盛产中药，川产道地药材久负盛名，以回阳救逆、破阴除寒的附子为代表的川产道地药材，既为中医治病提供了优良的药材，也孕育了以附子温阳为大法的扶阳学派。清末四川邛崃人郑钦安提出了中医扶阳理论，他的《医理真传》

《医法圆通》《伤寒恒论》为奠基之作，开创了以运用附、姜、桂为重点药物的温阳学派。

清代西学东进，受西学影响，中西汇通学说开始萌芽，四川成都人唐宗海以敏锐的目光捕捉西学之长，融汇中西，撰著了《血证论》《医经精义》《本草问答》《金匮要略浅注补正》《伤寒论浅注补正》，后人汇为《中西汇通医书五种》，成为"中西汇通"的第一种著作，也是后来人们将主张中西医兼容思想的医家称为"中西医汇通派"的由来。

名医辈出　学术繁荣

中华人民共和国成立后，历经沧桑的中医药，受到党和国家的高度重视，在教育、医疗、科研等方面齐头并进，一大批中医药大家焕发青春，在各自的领域里大显神通，中医药事业欣欣向荣。

四川中医教育的奠基人——李斯炽先生，在 1936 年创立了"中央国医馆四川分馆医学院"，简称"四川国医学院"。该院为国家批准的办学机构，虽属民办但带有官方性质。四川国医学院也是成都中医学院（现成都中医药大学）的前身，当时汇集了一大批中医药的仁人志士，如内科专家李斯炽、伤寒专家邓绍先、中药专家凌一揆等，还有何伯勋、杨白鹿、易上达、王景虞、周禹锡、肖达因等一批蜀中名医，可谓群贤毕集，盛极一时。共招生 13 期，培养高等中医药人才 1000 余人，这些人后来大多数都成为中华人民共和国成立后的中医药领军人物，成为四川中医药发展的功臣。

1955 年国家在北京成立了中医研究院，1956 年在全国西、北、东、南各建立了一所中医学院，即成都、北京、上海、广州中医学院。成都中医学院第一任院长由周恩来总理亲自任命。李斯炽先生继创办四川国医学院之后又成为成都中医学院的第一任院长。成都中医学院成立后，在原国医学院的基础上，又汇集了一大批有造诣的专家学者，如内科专家彭履祥、冉品珍、彭宪章、傅灿冰、陆干

甫；伤寒专家戴佛延；医经专家吴棹仙、李克光、郭仲夫；中药专家雷载权、徐
楚江；妇科专家卓雨农、曾敬光、唐伯渊、王祚久、王渭川；温病专家宋鹭冰；
外科专家文琢之；骨、外科专家罗禹田；眼科专家陈达夫、刘松元；方剂专家陈
潮祖；医古文专家郑孝昌；儿科专家胡伯安、曾应台、肖正安、吴康衡；针灸专
家余仲权、薛鉴明、李仲愚、蒲湘澄、关吉多、杨介宾；医史专家孔健民、李介
民；中医发展战略专家侯占元等。真可谓人才济济，群星灿烂。

北京成立中医高等院校、科研院所后，为了充实首都中医药人才的力量，四
川一大批中医名家进驻北京，为国家中医药的发展做出了巨大贡献，也展现了四
川中医的风采！如蒲辅周、任应秋、王文鼎、王朴城、王伯岳、冉雪峰、杜自
明、李重人、叶心清、龚志贤、方药中、沈仲圭等，各有精专，影响广泛，功勋
卓著。

北京四大名医之首的萧龙友先生，为四川三台人，是中医界最早的学部委员
（院士，1955 年）、中央文史馆馆员（1951 年），集医道、文史、书法、收藏等
于一身，是中医界难得的全才！其厚重的人文功底、精湛的医术、精美的书法、
高尚的品德，可谓"厚德载物"的典范。2010 年 9 月 9 日，故宫博物院在北京
为萧龙友先生诞辰 140 周年、逝世 50 周年，隆重举办了"萧龙友先生捐赠文物
精品展"，以缅怀和表彰先生的收藏鉴赏水平和拳拳爱国情怀。萧龙友先生是一
代举子、一代儒医，精通文史，书法绝伦，是中国近代史上中医界的泰斗、国学
家、教育家、临床大家，是四川的骄傲，也是我辈的楷模！

追源溯流　振兴川派

时间飞转，掐指一算，我自 1974 年赤脚医生的"红医班"始，到 1977 年大
学学习、留校任教、临床实践、跟师学习、中医管理，入中医医道已 40 年，真可
谓弹指一挥间。俗曰：四十而不惑，在中医医道的学习、实践、历练、管理、推进
中，我常常心怀感激，心存敬仰，常有激情冲动，其中最想做的一件事就是将这些

中医药实践的伟大先驱者，用笔记录下来，为他们树碑立传、歌功颂德！缅怀中医先辈的丰功伟绩，分享他们的学术成果，继承不泥古，发扬不离宗，认祖归宗，又学有源头，师古不泥，薪火相传，使中医药源远流长，代代相传，永续发展。

今天，时机已经成熟，四川省中医药管理局组织专家学者，编著了大型中医专著《川派中医药源流与发展》，横跨两千年的历史，梳理中医药历史人物、著作，以四川籍（或主要在四川业医）有影响的历史医家和著作为线索，理清历史源流和传承脉络，突出地方中医药学术特点，认祖归宗，发扬传统，正本清源，继承创新，唱响川派中医药。其中，"医道溯源"是以民国以前的川籍或在川行医的中医药历史人物为线索，介绍医家的医学成就和学术精华，作为各学科发展的学术源头。"医派医家"是以近现代著名医家为代表，重在学术流派的传承与发展，厘清流派源流，一脉相承，代代相传，源远流长。《川派中医药源流与发展》一书，填补了川派中医药发展整理的空白，是集四川中医药文化历史和发展现状之大成，理清了川派学术源流，为后世川派的研究和发展奠定了坚实的基础。

我们在此基础上，还编著了《川派中医药名家系列丛书》，汇集了一大批近现代四川中医药名家，遴选他们的后人、学生等整理其临床经验、学术思想编辑成册。预计编著一百人，这是一批四川中医药的代表人物，也是难得的宝贵文化遗产，今天，经过大家的齐心努力终于得以付梓。在此，对为本系列书籍付出心血的各位作者、出版社编辑人员一并致谢！

由于历史久远，加之编撰者学识水平有限，书中罅、漏、舛、谬在所难免，敬望各位同仁、学者提出宝贵意见，以便再版时修订提高。

中华中医药学会　副会长

四川省中医药学会　会　长

四川省中医药管理局　原局长　　杨殿兴

成都中医药大学　教授、博士生导师

2015 年春于蓉城雅兴轩

吴序

    曾敬光先生 1939 年以优异成绩毕业于著名中医教育家李斯炽创办的四川国医学院，抗日战争期间和中华人民共和国成立前，先后在重庆北碚救济医院、中央振济委员会中医救济医院、四川新都中医疗养院、成都市中医诊疗所任中医医师，后兼任四川国医学院教师。中华人民共和国成立后，1951 年任成都市卫生工作者协会秘书，1953 年入卫生部重庆西南中医进修学校学习，1954 年任成都市第二公费医疗门诊部中医师，1956 年调成都市第一人民医院任中医师，1957 年调入成都中医学院（即现成都中医药大学）妇科教研组任教，1986 年退休。曾担任卫生部高等医院院校中医专业教材编审委员会委员，四川省高等学校高级职称评审委员会中医药评审组成员，四川省中医学会理事及中医妇科专业委员会主任委员。

    曾先生早年喜爱儿科，还在四川国医学院读书时已能诵记邓绍先的《猩红热》一书，对钱仲阳《小儿药证直诀》、陈文中《小儿病源方论》、夏禹铸《幼科铁镜》及陈飞霞《幼幼集成》等著作的主要内容亦皆谙熟。行医之后，曾先生曾拜同乡名医李虞封先生为师，以后又得成都儿科著名医家王朴诚先生（后调北京中医研究院西苑医院工作）指点，其临证诊疗技术更加精进。20 世纪 50 年代初，曾先生由成都市第二公费医疗门诊部抽调至成都市"乙型脑炎"治疗组，与当时四川省人民医院、成都市一医院及三医院的儿科专家共事两个夏季，挽救了不少濒于死亡的患儿。

她在 1956 年初调入成都市第一人民医院时，被指定为当时著名中医妇科专家卓雨农先生的助手，于是她又将主攻专业转向中医妇科，对《内经》《难经》《金匮要略》《诸病源候论》《备急千金要方》《妇人大全良方》《女科证治准绳》《景岳全书·妇人规》《傅青主女科》《叶天士女科诊治秘方》和《温病条辨·解产难》等古医籍进行了系统学习。1957 年，即成都中医学院建校后第二年，曾先生随中医妇科名医卓雨农先生被调入成都中医学院任教，卓先生时任中医妇科教研室主任兼附属医院副院长。从此，曾先生终生专攻中医妇科，光阴荏苒，寒暑更迭，迄至退休以后，从事医教工作 70 余年。

在调入成都中医学院后，曾先生便全身心地投入到中医妇科学科初创和学术理论的发掘、整理中，并结合临床实际加以总结、规范。不多时，便在同道之中拥有相当声誉。1959 年中华人民共和国卫生部组织编写全国中医学院第一版系列教材时，《中医妇科学讲义》的编写重任便理所当然地落到了成都中医学院妇科教研室，并由曾先生主笔。

第一版中医学院试用教材《中医妇科学讲义》从汗牛充栋的中医古籍中精挑细选出妇科部分的精华，分门别类编纂成书。总论篇阐述了妇女的生理、病理特点，妇科病的辨证和治疗规律，妇科疾病的预防和保健知识；各论篇将妇科疾病分为五大类，即月经病、带下病、妊娠病、产后病和妇科杂病，分述了常见病证的病因病机、主要证候和治法方药。讲义不仅采撷历代妇科医籍之精华，使之系统化、条理化，而且实事求是地指出了前人尚未完善的内容，强调冲任二脉与妇科的特殊关系，提出"冲、任的盛衰与妇女的经带胎产有直接的关系""冲任充盛，则体健经调，胎产正常；冲任受损，则可引起妇科的各种疾病"，提出"妇科的生理特点和病理变化表现在经、带、胎、产等方面，而冲任二脉主持着这些作用。因此，所有的妇科疾病都必然影响冲、任二脉的功能才能发生"。这些学术见解最早明确指出了妇科不同于其他临床各科的主要特点，在中医妇科领域中提出了以冲任为中心来研究女性生殖系统的新思路，为后来形成"冲任损伤是妇科疾病的基本病机和最终病位"的中医妇科理论奠定了基础，也为中西医结合治疗妇科病奠定了理论基础。

此后由曾先生主笔编写的二版教材《中医妇科讲义》重订本，其学术体系渐臻完善。总论新增了诊断概要，各论病种由34病增至44病，第一次增补了"经断前后诸症"这一新病种，强化了各病证理、法、方、药的一线贯通，这种编写体例一直为此后的各版教材所沿用。

曾先生在中医高等教育园地中辛勤耕耘，默默奉献，桃李满天下，对中医妇科学的学科创建、教材建设、人才培养、学术发展，都做出了重要贡献。

笔者于1982年初从成都中医学院医疗系七七级本科毕业后，被分配到四川永荣矿务局总医院当医生，工作一年半后（1983年）报考研究生，考入曾先生门下攻读硕士学位。读研三年，除了国家高等医学教育规定的学位课程和临床实习外，曾先生为笔者制定了详细的中医妇科专业学习计划，要求我从源到流地系统学习中医典籍和历代妇科医籍，每学一部都要求写出文献摘录、学习小结和心得体会，并细心批阅和指导。曾先生作为一名德高望重的老教师和老医生、作为中国农工民主党基层主委，曾连续几届担任四川省中医学会妇科专委会主任委员和成都市人民代表大会代表，她在年事已高、社会和学术事务繁重、因老伴患病卧床而有家庭拖累的情况下，仍然热情饱满地将主要身心和精力投入到带教研究生的工作中，使笔者在中医妇科理论和临床方面打下了宽广而坚实的专业基础，终身受益。记得在笔者读研期间，曾先生受广州中医药大学妇科罗元恺教授邀请为在广州举办的全国中医妇科高教师资班授课。1984年，曾先生再次受邀担任习称"五版教材"的全国高等中医药院校统编教材《中医妇科学》的唯一副主编，配合罗元恺教授编写教材。五版教材出版后，其突出中医特色的编写思路和学术影响遍及海内外。同年曾先生还与刘敏如教授共同主编了由人民卫生出版社约稿的高级参考丛书之《中医妇科学》，后于1986年正式出版发行。

在多年编写教材教参过程中，曾先生倾注了大量心血与智慧。在高级参考丛书之《中医妇科学》的编写过程中，笔者协助曾先生和刘敏如教授查阅文献、按照编写提纲撰写初稿和誊写书稿，也做了大量辅助性工作，既学到了专业理论知识，又锻炼了文字处理能力。参考书初稿完成后，1984 年 11 月笔者与谭万信、张庆文等一道跟随刘敏如老师驮着几纸箱手写书稿乘火车赴北京去人民卫生出版社交稿，在其招待所住了一个月，每天的工作就是根据责任编辑的意见修改、誊写书稿和查找引文出处。因当时国家尚处于改革开放初期，生活与工作条件都还十分艰苦和简陋，根本没有电脑和复印机之类的现代办公工具，所有书稿都是"爬格子"，一个字一个字地手写，一旦原稿稍有改动，就只有反复誊写。印刷厂也没有激光照排，而是由排字工人用铅字排版，因此要求手写书稿必须清晰和容易辨认。其间，我们去天津参加了由哈荔田教授主持举办的全国中医妇科学术研讨会，会议期间接触到了一批中医妇科学界的著名前辈，包括天津哈荔田、哈孝廉和韩冰，广州罗元恺和欧阳惠卿、黑龙江韩百灵、广西班秀文、南京孙宁铨和夏桂成以及上海朱南孙、颜德馨和蔡小荪，杭州何子淮和何少山、湖北刘云鹏和毛美容、陕西张文阁、新疆高慧芳、贵阳施瑞兰等，并结识了当时中医妇科学界的中坚骨干和初露头角的年轻新秀，包括肖承悰、尤昭玲、马宝璋、吴熙、张玉珍、金季玲、谢德聪、罗颂平、杜惠兰、胡国华、姚石安等。日月如梭，光阴似箭，三十年弹指一挥间，至今回想起当年的一幕幕场景，往事历历在目。如今许多著名的中医妇科老前辈早已作古，曾先生也于 2010 年 5 月驾鹤西去，但先辈们筚路蓝缕的开拓精神和求真务实的思想风范却给我们后人留下了一笔笔宝贵的精神财富。

曾先生 1986 年退休后仍然一直关心和关注着中医妇科的学科发展和教材建设，在力所能及的情况下仍坚持上一些门诊和练习毛笔书法以颐养天年，真可谓活到老学到老，直到 2010 年以 92 岁高龄仙逝。当时退休后受聘于香港大学和香港东华三院的刘敏如老师从香港发来挽诗赞曰："一生苦甜不扬声，默默奉献富人情，中医师辈女才子，妇科教材奠基人。"笔者在恩师的遗体告别仪式上也撰写挽联一副，沉痛悼念并自勉："毕生从医教，熟谙历代典籍，殚精竭虑启后学；有幸助妇孺，融汇中西精粹，治病救人慰先师。"

几年前，我参加了由中华中医药学会妇科分会组织编写，并由肖承悰、吴熙主编，刘敏如主审的《中医妇科名家经验心悟》一书的撰稿，并与张庆文一道撰写了曾敬光老师的医事传略、学术思想和临床经验介绍。去年由四川省中医管理局组织编写《川派中医药名家经验丛书》，拟对近现代四川中医药各科名家的经验进行系统地发掘、整理和总结，这将是一项史无前例的浩大工程，对于川派名中医的学术思想、临床经验的总结传承与发扬光大将起到不可估量的巨大作用和长远的后续影响。丛书计划近年将陆续出版发行，其中由成都中医药大学妇科朱鸿秋博士主笔撰稿的《曾敬光中医妇科学术思想与临床经验传承》拟独立成册出书，初稿出来后历经数次修改和完善，目前已达到出版要求，朱博士邀我为该书写序，出于学生对恩师的崇敬和缅怀之情，故乐而为之作序。

成都中医药大学 吴克明

2018 年 2 月农历甲午年元宵节

写于成都西城家园

编写说明 ————————————————————————

近百年来，科技迅猛发展，社会已进入信息时代，如何收集中医学精华并将其融入现代科学之大厦，中医工作者和西学中同道均有不可推卸之责任。

曾敬光，近现代中医妇科之佼佼者。她是我国现代著名的中医药学家，在中医妇科界享有极高的声誉。她不吝秘术，广求传播，秉承的正是力求为民除瘼的一片赤诚之心。曾先生治学严谨，厚积薄发，所存医案，辨证明晰，治必效验，具有很强的临床实用性，其中亦不乏学术上的创造性建树，可谓有功于岐黄者，深可钦佩。为使读者能够原汁原味地体会名老中医的学术思想及临床经验，我们编写时采取尽可能保持原貌原意的原则，主要修改了原曾先生主编教材及所遗资料中疏漏的少量书写偏差，规范了文字用法和体例层次，在版式上则按照现在读者的阅读习惯予以编排。此外，为不影响原书内容的准确性，避免因转换造成的人为错误，本书除在不改变药品实际剂量的前提下，将原有计量单位改为现代通用计量单位外，部分旧制的药名、病名、医学术语、现已被淘汰的检测项目与方法等均未改动，也都保留了原貌。

本书分列五个部分，即生平简介、代表医著、专病论治（月经病、带下病、妊娠病、产后病、杂病）、学术思想及传承等，较全面地介绍了曾敬光先生一生极其丰富的临床经验及学术成就。所列医案详明，按语精当，深入浅出，读者经过理论学习及病案研读，仔细揣摩先生临证思维，从而掌握先生对一些经方与时方的运用条件和宝贵的用药经验，对提高中医临床辨证思维能力必有较大的帮助。

　　本医案是取曾先生临床记载较为完整的第一手资料，在尊重原貌原意的基础上加以整理，并经曾先生弟子吴克明教授、张庆文教授亲自审阅、修改而定稿。我虽亦涉猎医学，自知学术谫陋，对中医学之研究尚觉肤浅，著述之类亦非所长，疏漏和谬误之处在所难免，望众读者批评指正。

　　值得提出，在此次收集、整理、编写过程中，曾先生子女李政、李曾老师等家人以及成都市送仙桥华文堂陈建国老师不辞辛苦地找寻并提供病案、稿件及影音资料，给予了我们极大的帮助，特此致谢！

《曾敬光》编委会

2018 年 4 月

目　录

生平简介

川派中医药名家系列丛书

曾敬光

曾敬光（1918—2010），女，成都中医药大学教授，汉族，四川省双流县人，出生于双流县华阳镇（原华阳县中兴镇）。1939年冬毕业于四川国医学院本科，毕业后即以医为业，曾任"中华民国"中央振济委员会中医救济医院、成都新中医疗养院医师。1941年以后，在中兴镇（原双流华阳）开业行医，同时拜本乡名老中医李虞为师，继续学习。惜从师两年而先生病逝，虽未尽得其传，但因有理论基础，又勤于钻研，故治病应手取效。1947年应同学邀请至成都，任成都市中医诊疗所医师，1949年秋兼任四川国医学院教师，讲授中药课。后在成都市布后街新巷子开业行医。1951年5月任成都市卫生工作者协会秘书。1953年入重庆中医进修学校学习。1954年任成都市第二公费医疗门诊部中医师。1956年调成都市第一人民医院任中医师。1957年调成都中医学院（即现成都中医药大学）妇科教研组任教，1986年退休（未离职），继续指导研究生。在职期间1978年被评为学院及附属医院先进工作者，1987年晋升为教授。曾担任卫生部高等医学院校中医专业教材编审委员会委员，四川省高等学校教授、副教授职称评审委员会中医药评审组成员，四川省中医学会理事及中医妇科专业委员会主任委员。

一、早立志、苦读书、孜孜以求

曾先生幼时天资聪慧，3岁随母识字，4岁能诵唐诗、千家诗，5岁能诵《龙文鞭影》《幼学琼林》《列女传》等。7岁以聪颖过人被清末秀才罗宇先先生喜爱，收入其私塾免费就读，教以《四书》《尚书》《礼记》《左传》等书，罗先生国学底子深厚，又善教书育人，因而学有长进，受益终生。1928年10岁入成都双流中兴镇女子小学求学，1932年冬毕业。毕业后因家境困难，无力升学，故暂在家学刺绣等以贴补家用。但她一心立志读书，坚持利用业余时间发奋学习古典文学，努力提高文化水平。1933年下半年家境更加困难，已有断炊之虞，于是又随母织布，很快就掌握了牵、梳、织、整等技能。因在自学中读了些医学书籍，如《内经知要》《本草备要》《汤头歌诀》《陈修园医书六十种》等，对中医产生了浓厚兴趣，遂有志学医。1937 年春考入了四川高等国医学校，第二年转入四川国医学院。当时正置抗日战争时期，条件十分艰苦，有些观点较新的中医书籍，如陆渊雷著的《伤寒论今释》《金匮要略今释》、时逸人著的《时令病学》等，在成都买不到或限于经济条件无力购买的，都是利用午睡时间或晚自习后摘抄或整本抄录。现存尚有邓绍先著《猩红热》、何仲皋著《脏腑通》、徐庶遥著《中医眼科学》、万密斋著《校正幼科指南家传秘方》等手抄本。由于学习刻苦用功，每学期成绩均名列前茅，得到学校免收学费、伙食费奖励，才得以顺利完成学业。

二、初执业、勤钻研、擅治小儿

曾先生习医之初，因喜小儿之清灵单纯而尤爱儿科。早在四川国医学院求学之时，得到来川讲学的江浙名医潘国贤悉心指教，对儿科的钻研尤为深入。及至毕业之时，已能诵记邓绍先的《猩红热》一书，对钱仲阳的《小儿药证直诀》、陈文中的《小儿病源方论》、夏禹铸的《幼科铁镜》、陈飞霞的《幼幼集成》等书中的主要内容，亦皆了如指掌。其撰写的毕业论文，详细地梳理了中医儿科学的形成和发展历史，并对小儿生理特点提出了应重视"稚阴稚阳"之说，指出以"稚阳"或"纯阳"概括小儿生理之局限。进而提出了小儿系"阴阳皆稚"之体，稍有不慎即易患病，且病易虚易实，易寒易热，故小儿非"成人之缩影"，儿科用药亦非"成人处方的小剂量"。提出儿科之要在于认证务准，投药宜早，选药宜清（清灵、轻清）。该论文深得院长、中医教育家李斯炽先生好评。

行医之后，曾先生曾拜精通陈修园学说的同乡名医李虞封先生为师，以后又得成都儿科著名医家王朴诚先生（后调中医研究院西苑医院工作）指点，其临证诊疗技术更加精进。20 世纪 50 年代初，曾先生由成都市第二公费医疗门诊部抽调至成都市"乙型脑炎"治疗组，与当时四川省人民医院、成都市第一人民医院及第三人民医院的儿科专家共事两个夏季，挽救了不少濒临死亡的患儿。曾先生精通儿科，以至后来的著名儿科名医萧正安（"萧氏儿科"创始人）、郁文俊（原四川省中医研究院院长）关于"小儿肺炎""小儿癫痫"等论文，亦向其求正，而曾先生撰写的"关于小儿消化不良治疗述要"及她研读《阎氏小儿方论》《痧喉经验阐解》《疫喉浅论》《喉痧正的》等医书后撰写的读书心得，实可窥其当年潜心钻研儿科之一斑。

三、治学问，释凝滞，主攻妇科

　　曾先生早期在儿科方面的成就，使她在中医界小有名气，而她中医根基之深厚、扎实，治学态度之严谨、勤奋，又使她迅速在学术界崭露头角。在1950年调入成都市第一人民医院任中医医师的同时，她被指定为当时著名中医妇科专家卓雨农先生整理经验。于是她将主攻方向转向中医妇科，自此期间，她对《内经》《难经》《金匮要略》《诸病源候论》《备急千金要方》《妇人大全良方》《女科证治准绳》《景岳全书·妇人规》《傅青主女科》《临证指南医案》《叶天士女科诊治秘方》和《温病条辨·解产难》等古籍进行了系统学习。及至1957年，即成都中医学院（现为成都中医药大学）建校第二年，被调任妇科教研室主任的卓雨农先生指名随调任教。从此，曾先生终生专攻中医妇科，迄至晚年曾先生从事医教工作已有70余载。

四、掌教席，传医道，有教无类

　　自1957年调入成都中医学院以来，曾先生连续承担了中医进修班、医学系1956级（首批进入高等中医院校的大学生）至1974级（70、71级未招生）、专科1963级等年级的课堂讲课、教学实习和毕业实习的带教任务；承担了西医学习中医研究生一、二、三、四班的辅导和讲课任务；承担了西医学习中医五班、中医师资班、进修班的讲课、教学实习、毕业实习的带教等任务。1979年，曾先生首批招收了中医妇科学硕士研究生，已到退休之年仍连续指导硕士生5届，培养中医妇科学硕士共9名，其中有3人继续深造获得博士学位，现均已成为国内外中医妇科学界的中坚和骨干。如她的学生刘敏如教授已成为我国中医妇科学界的领军人物，被授予"第二届国医大师"称号，全国最早五个中医妇科学博士点的导师之一；她的学生杨家林教授、谭万信教授也成为国内外著名中医妇科专家、博士生导师。

　　曾先生忠诚于祖国中医教育事业，执鞭从教30年，教诲学子数以万千，桃李满天下。除了对身边求学的学生诲人不倦外，对远隔千里之外书信求学求教的学生也倾注了无限的心血。家中至今还保留着曾先生与重庆、泸州、河北、青海、兰州、成都等省市投考研究生落榜者的来往书信，信中多有向曾老吐露内心的忧郁、提出学习上的疑惑，曾老总是回信鼓励鞭策，指点迷津。

如河北省博野县一位陈姓青年，对《中医妇科学》中"月经后期血寒"的治疗产生疑问，提出"温经汤"方中有人参，而在随证加减中有"腹痛拒按，时下暗红血块者，加失笑散"，方中五灵脂与人参合用，属于本草学中的"十九畏"，是否有违中药配伍禁忌？曾先生答疑认为：血寒所致的月经推后，症见色暗红而量少，小腹绞痛，得热痛减，肢冷畏寒，舌质正常，苔白而脉沉紧。证属血寒里实，故用"良方温经汤"温经散寒，活血行滞。若见腹痛拒按，时下血块，乃为寒凝血瘀，又当温经祛寒、活血化瘀止痛，故加失笑散。原方中人参一药，根据患者正气的盛衰可用可不用。至于人参畏五灵脂的说法，源于北齐徐之才《药对》，明代刘纯《医经小学》将其编入"十九畏"歌诀中，一直流传至今。然而后世医家将人参与五灵脂同用，治疗疾病的论处并不少，如李闻言曰："古方疗月毕，四物加人参、五灵脂，是畏而不畏也。"据《中药学》灵脂条记载"十九畏认为人参畏五灵脂，使用时可供参考"，可见不是绝对不能同用。而临证处方人参亦非常用之药，一般补气多用党参或太子参，故古方中人参亦可根据病情选用其他参类代替。

又如山东省海阳卫生学校的于姓学生对《中医妇科简编》疗儿散方中的"鬼臼"、塌痒方中的"狼牙"，以及不孕症中的"螺、纹、鼓、角、脉"不清楚，写信求教。曾先生广查中药学、中医妇科学的有关古今医籍，详细信告："鬼臼"又名八角莲、六角莲、独叶一枝花、独角莲、八角七、八角兵盘七，为小檗科八角莲属植物八角莲、八角金盘，以根茎入药，味甘微苦，性凉，有小毒，其作用能清热解毒、活血化瘀。鬼臼在"疗儿散"中的作用，是同牛膝、乳香等活血化瘀药合用，以达下死胎的目的。如无此药，可用川芎、红花等活血化瘀药代替。"狼牙"即"狼牙草"，又名仙鹤草、龙芽草，为蔷薇科龙芽草属龙芽草，入药用全草，味苦、涩，性平。内服收敛止血，治各种出血；外用治痈疖疔疮及阴道滴虫。如无此药，可用杀虫止痒的大蒜（杆或皮亦可）、地肤子、葱白等。至于"螺、纹、鼓、角、脉"，其中"螺"亦作骡。螺指"阴中有螺旋纹，不适于交媾者"，多属于阴道畸形；骒指"交骨狭小如骒"，多系骨盆狭窄；"纹"指"阴户小如筋头大，只可通，难交合"，多属阴道狭窄，或处女膜无孔或阴道不全闭锁；"鼓"又名鼓花或鼓花头，谓"女子阴户蹦急似无孔，不能交合者"，多为处女膜无孔或阴道闭锁；"角"又名角化或角花头，谓"妇女阴中有物挺出阴茎"，可能为两性畸形（阴阳人）；"脉"指"女子一生经脉不调，或终身不来月经，不能孕育者"，多属卵巢功能障碍，或先天无子宫、无卵巢，或幼稚子宫等。

云南省第一人民医院黄姓中医师来信请教治疗妇女经行每月二三次的方法，曾先生从生理与病理，中医与西医两方面给予了全面指导。她首先告之应了解每次行经间隔的时间，即从行经之日开始计算，到下次经行之前一日，共是多少天，如恰好是月初经行，月末再经行，虽一月中经行两次，但相隔25天以上，仍属正常范围；如果一月时间之内经行二三次，周期不固定，几天、十几天即行经一次，则属病变。如表现为经量甚多或淋漓日久，应参考"崩漏"之治疗；如经量不多，经期不长，应参考"月经先期"治疗。从西医角度看，妇科的炎症、肿瘤、功能性子宫出血等疾病，都可导致子宫的不规则出血，应通过妇科检查鉴别。如为炎症所发，可用中药清热解毒为主，配合补气、养血或理气、化瘀；如是息肉、肿瘤，药物疗效难尽人意，可用手术。功能性子宫出血，除分寒、热、虚、实论治外，在善后方面以调补肾阴肾阳为主，同时配合性激素治疗。曾老同时从病理与疗效的关系上，谈到妇女月经病属慢性病，常常是轻病未治，时间久了或病重了才来求医，疗效就慢一些。有些病要经过很长时间的治疗，才能见到效果，如慢性盆腔疾病、功能性子宫出血等。因此，即使短期内疗效不够满意，医者不要丧失信心，并要说服患者坚持治疗，以求痊愈。

又如四川金堂县卿姓，来信询问当地诸多名医都不知道的"黄酒"。曾教授不仅告知"黄酒"系浙江"绍兴酒"，亦名"绍酒"，并告知在无黄酒之时，可用家酿之"甜酒"代替，亦不影响药效。再如江苏省溧阳县某村医疗站、河北省祈乐县李姓、山东省枣庄市刘姓等诸多基层医生或患者的信函求教，均得到了曾老的详尽回复。

曾先生在中医高等教育园地中辛勤耕耘，默默奉献，桃李满天下，对中医妇科学的学科创建、教材建设、人才培养、学术发展，都做出了重要贡献。

临床经验

川派中医药名家系列丛书

曾敬光

　　曾敬光先生在中医妇科学术界有着很高的威望，在患者中也有很高的声誉，为中医药事业的进步和发展贡献了毕生的精力，做出了突出的贡献。曾先生在临床工作中，认真善待每一名患者，望、闻、问、切一丝不苟，诊治疾病过程中仔细推敲，力求准确。本部分所介绍妇科疾病的证治内容，部分概括自曾敬光先生所编著《中医妇科学讲义》，本讲义奠定了《中医妇科学》教材的基本框架。所列疾病之后同时附曾敬光先生的临证病案，便于我辈学习、总结、反复体会、比较分析，进一步升华，做到对曾敬光先生学术思想及临床经验的继承与创新。

一、经病证治

1. 月经先期

　　月经周期提前七天以上，甚至十余日一潮，连续两个周期以上者，称"月经先期"。如每次只提前三五天，或偶尔提前一次，下次仍按期而至的，均不作"月经先期"论。本病为妇女常见病之一，在中医文献中尚有称为"经早""月经前期""经水先期""经水一月再行"。本病最早见于汉·张仲景《金匮要略方论》，本病发生的机理主要是冲任不固，而引起冲任不固的原因则有气虚、血热之不同。气虚之中又有脾气虚弱、肾气不固之分，血热之中又有实热、虚热之别。

　　本病辨证，除着重周期提前外，还应重视经量、经色、经质的情况，参合脉证，作为辨证的依据。一般以周期提前或兼量多（亦可有量少），色淡红，质稀薄，唇、舌淡，脉弱，属气虚。如周期提前兼见量多，经色鲜红或紫红，质稠黏，量或多或少，唇、舌红，脉数有力，属阳盛血热（实热）。质稠，排出不畅，或有血块，胁腹胀满，脉弦，属肝郁血热。周期提前，经量减少（亦可有正常或增多）。色红，质稠，脉虚而数，伴见阴虚津亏证候者属虚热。《景岳全书·妇人规·经脉类》中以经血的色、质、量结合脏气、饮食、脉象，作为辨寒热的依据，《傅青主女科·调经·经水先期》又以量的多少作为辨别虚实的指征，为月经先期的辨证提出了纲要，可供参考。

（1）气虚证

主症：月经周期提前，经量或多或少，经色淡红，质清稀；面色萎黄或㿠白，神疲乏力，倦怠嗜卧，心悸，气短懒言，小腹空坠，或纳少便溏，脘闷腹胀；舌质淡，苔薄白，脉细弱。

治则：补气摄血固冲。

方药：举元煎加味。潞党参、黄芪、升麻、白术、炙甘草。

方解：党参、黄芪补气摄血，佐升麻之升举元气，白术、炙甘草健脾益气以增加党参、黄芪之力。先期而量不多者，加当归、熟地黄以益血；量多者，加阿胶、焦艾叶、仙鹤草、乌贼骨以止血。

临证加减：如经色暗淡而清如烟尘水，小腹冷，脉沉细而迟者，为气虚兼寒，宜补气温经，可酌加桂心、小茴香、艾叶、黑姜、附子；如兼有口干、心烦、便结者，为气阴两虚，酌加沙参、麦冬、五味子等生津滋阴。平时调理可用益气健脾法，如补中益气丸、归脾丸等。

（2）血热证

主症：月经周期提前，经期延长，色深红或紫，质稠黏；或伴有面色潮红，心烦口渴，小便短黄；舌质红，苔薄黄，脉滑数有力。

治则：清热凉血，固冲调经。

方药：清化饮。生地、赤芍、牡丹皮、黄芩、茯苓、石斛、麦冬。

方解：生地黄、牡丹皮凉血清热，佐赤芍以凉血和血，黄芩清热泻火，兼以石斛、麦冬清热养阴、生津护液，茯苓宁心益脾。

临证加减：经量过多，数日不减者，加仙鹤草、炒地榆、阿胶珠；外感邪热，小腹胀痛，经量多而有秽臭者，加金银花、连翘、红藤；有块拒按者，加山楂、桃仁，或失笑散；兼有口苦咽干，或胸胁乳房胀痛，脉弦数者，为肝郁化热，上方加当归、柴胡、白术、黑栀子；下腹胀痛，经量不多，或有血块者，加红泽兰、制香附、炒川楝子；仅周期提前，经量不多，兼有颧红潮热，手心热，舌质红无苔，脉细数者，为阴虚内热，宜养阴清热，清化饮去赤芍、黄芩、茯苓，加白芍、阿胶、女贞子、墨旱莲，亦可用一贯煎加减或两地汤。

月经先期治疗，重在调整月经周期，使之恢复正常，故需重视平时的调治，按其证候的属性，或补，或泻，或清，或养。本病临床多见虚多实少，故经行之时尤应注意清热不宜过于寒凉，化瘀不宜过用攻逐，以免损伤阴血，耗血动血。

典型验案举例

李某，女，24岁，已婚。初诊：1962年10月2日。

现病史：14岁月经初潮，过去周期正常，经量较多，色、质正常，每次五六天即尽。2个月前（8月15日）返乡省亲，因途中大热，月经超前8天来潮，色深红，量更多，第一二天时经血沿腿下流，出血9天始净，并伴口苦心烦。9月10日月经又来，经量仍多，小腹微胀，偶见小血块，月经9天干净，仍有头晕口苦。昨日（10月1日）晚上月经又潮，色红不深，经质较清，自觉头晕，口苦，心悸怔忡，精神疲倦，气短懒言，舌质微红，苔薄微黄而干，脉浮数无力。处以河间生地黄散加味。

生地黄15g	熟地黄15g	白芍10g	泡参10g
黄芪15g	天冬15g	枸杞子10g	升麻10g
地骨皮10g	阿胶10g	乌贼骨10g	

2剂后，出血大减，精神好转，口微苦，头仍晕。原方去地骨皮，加怀山药、山茱萸。续服2剂而血止，口不苦，头微晕，原方去升麻、地骨皮，加女贞子、墨旱莲，续服4剂后停药。次月月经恢复正常。

按语：月经先期以血热为多，傅青主则以经量的多少而分虚实，"先期而来多者，火热而水有余也；先期而来少者，火热而水不足也"。此例患者，曾先生辨属血热，其热邪之源，在于外感夏暑之火热之邪。火当折之，热当清之。为何不直以泻以清热之剂，反而凉血滋阴之中加入补气之法？曾先生谓，此例虽火邪为患，但两次月经失血已多，热随血去，血随经耗，阴随血伤，气随血泄。故就诊之时已为血虚气弱，伏热未除。经来色红而不深、质清，心悸怔忡，气短懒言，头晕口苦，舌质微红，苔薄微黄而干，为伏热上扰、伏热伤津。脉浮无力是气虚之候。故用河间生地黄散加味，有生地黄、熟地黄、白芍、天冬、枸杞子、阿胶、地骨皮、泡参（即南沙参）等大队凉血滋阴养血之品，以赔补其损；用黄芪、升麻助其气；佐以乌贼骨涩其血，使血生阴复，伏热得遏，气固血止，其病得除。再稍作加减，而收全功。

2. 月经后期

月经周期延后 7 天以上，甚至三五月一行的，称为"月经后期"。如月经延后 3 ~ 5 个月一行者，又称为"月经稀发"。如每次仅延后三五天，或偶然延后一次，下次仍如期来潮，或历来都是四五十日一行而有周期性规律者，均不作月经后期论。此外，青春期月经初潮后一年内，或更年期月经终止前，经期时有延后，如无其他不适者，可不作"月经后期"论。本病在中医文献中有称为"经迟""月经落后""经水后期"及"经行后期"的，本病首见于汉·张仲景《金匮要略》，至明代薛己、万全、张景岳等进一步提出了"脾经血虚""肝经血少""气血虚弱""气血虚少""气逆血少""脾胃虚损""痰湿壅滞"，以及"水亏血少，燥涩而然""阳虚内寒，生化失期"等月经后期的发病机理，并提出补脾养血、滋水涵木、气血双补、疏肝理气、导痰行气、清热滋阴、温经活血、温养气血等相应的治法和方药，使本病在病因、病理、治法、方药等方面渐臻完备，为本病确立了理论基础和辨证治疗原则。

曾先生将本病的发病机理责之为冲任不盛及冲任阻滞。因营血亏虚，冲任不充；或因阳气不足，脏腑失于温养，生化不及，冲任不盛；或因真阴亏损，虚热内生，水亏血少，冲任不足，以致血海不能及时满溢，月经周期因而退后，此类为"不盛"，当属虚。若外感寒邪，或内伤生冷，血为寒凝，阻滞冲任；或情志不舒，气机郁滞，血不畅行，滞涩冲任；或痰湿停积，壅滞冲任，使血海不能如期满溢，亦致月经后期，此类为"阻滞"，当属实。

本病的辨证论治，应根据经色、经量、经质及全身症状结合舌、脉，辨其虚实寒热，治疗以调整周期为主，应重在平时。然曾先生主张"妇女病，位在冲任二脉，源于肾肝脾三脏"，月经病的治法应本"虚者补之，实者泄之，寒者温之，热者清之"的原则分别施治，"实重治肝，虚则脾肾"，但不可过用滋腻或温燥之剂，以免损伤阳气或劫阴伤津。

（1）肾虚证

主症：周期延后，量少，色暗淡，质清稀，或带下清稀；腰膝酸软，头晕耳鸣，面色暗淡；舌淡，苔薄白，脉沉细。

治则：补肾养血调经。

方药：当归地黄饮加牡丹皮。当归、熟地黄、山药、杜仲、牛膝、山茱萸、炙甘草。

方解：熟地、山茱萸滋肝肾，益精血；杜仲温肾阳；当归养血调经；牛膝强腰膝，而通精血；山药、甘草健脾和中；加牡丹皮以清血热。

临证加减：经色淡红，舌质暗淡，脉沉细或沉涩者，为肾阳不足，原方去牛膝、牡丹皮，加菟丝子、覆盆子、淫羊藿、紫河车、肉桂、附子。

（2）血虚证

主症：月经周期延后，量少，色淡红，质清，或小腹绵绵作痛；面色苍白或萎黄，头晕眼花，心悸失眠，或手足发麻；唇舌淡白，脉细无力。

治则：补血调经。

方药：小营煎加味。当归、白芍、熟地黄、枸杞子、山药、炙甘草。

方解：当归、白芍补血调经；佐熟地黄、枸杞子滋肝肾，益精血；山药、炙甘草和中健脾，生化有源，血足阴充，则经血自调。

临证加减：兼脾虚化源不足者，加党参、白术、龙眼肉；兼少食便溏者，去当归加陈皮、砂仁、莲子、芡实。

（3）气滞证

主症：月经周期延后，量少或正常，色质正常或色红质稠，行而不畅，或有小血块；小腹胀痛，按之不减；精神郁闷，胸胁胀满不舒，时欲叹息，或胸闷胁胀，或乳房胀痛；舌质正常或偏红，苔正常或薄黄，脉弦或弦数。

治则：理气行滞，活血调经。

方药：加味乌药汤。乌药、砂仁、延胡索、甘草、香附、槟榔、木香。

方解：乌药、香附理气行滞，延胡索、槟榔、木香行气止痛，砂仁和中行气、养胃醒脾，甘草和中兼调和诸药。全方重在理气行滞以调经止痛。妇人经期腹痛，痛在经前为实，痛而拘急为气滞，治宜理气行滞止痛，故用本方主之。此处以治气滞所致的月经后期，亦取其理气行滞之功。

临证加减：不剧者，去延胡索；胁痛乳胀者，去槟榔，加柴胡、青皮、白芍、郁金；血色深红者，加牡丹皮、栀子；夹有血块者，加丹参、泽兰；兼寒者，加吴茱萸、小茴香、艾叶。

（4）血瘀证

主症：周期延后，量少或正常，经色暗红，质正常，有血块；小腹冷痛拒按，得热则减，面色青白，或肢冷畏寒，唇色暗红；舌紫而暗，或有瘀点，脉沉紧或沉涩。

治则：活血祛瘀调经。

方药：延胡当归散。当归、赤芍、没药、刘寄奴、延胡索。

方解：当归、赤芍活血行滞，没药、刘寄奴活血祛瘀止痛，延胡索行气活血止痛。

临证加减：寒邪在里，小腹冷痛者，加蒲黄、五灵脂、桂心以温经散寒，活血祛瘀；兼气虚者，加党参、黄芪以益气；兼气滞者，加香附、乌药行气止痛。

典型验案举例

病案一 李某，女，16 岁，学生。初诊：1973 年 3 月 14 日。

主诉：月经推后，量少，白带增多 3 月余。

现病史：患者去年 9 月份因功课较忙，放学回家常吃冷饭冷菜。至 12 个月时出现胃疼、呕吐、不思食，服用西药治疗，胃痛与呕吐消失，但仍不思食，且饭后时有恶心。自觉精神疲倦、思睡，大便时溏。继服维生素 B_1、维生素 C 等药，食欲未见好转（每餐不到 100g），仍感疲乏。月经 40 天始来（1 月 3 日），色乌红，量少而清，用纸半包，小腹隐痛喜按。经净后白带增多，色如米汤样。连续 3 个月如此，精神、饮食仍差，故来诊治。诊其面略显苍白，精神尚可，舌质淡，苔白滑，脉缓无力。

13 岁月经初潮，开始周期不定，量较多。8～9 月后即正常（4～5/28～30 天），量中等（用纸一包多），色暗红，不清不稠，无血块。以往白带极少，无臭气。最近 3 次月经分别于 11 月 24 日、1 月 3 日、2 月 14 日来潮。

诊断：月经后期，月经量少，带下病。

辨证：中阳不振，胃失和降，化源不足。

治法：温中散寒，和胃降逆。

方剂：理中加味汤。

潞党参 15g　　　干　姜 9g　　　　白　术 9g　　　陈　皮 9g

法半夏 9g　　　炙甘草 6g

6 剂，水煎服，日 1 剂。

复诊：3 月 10 日。上方服 2 剂后，恶心止，食欲好转。再服 4 剂后食欲正常，便溏已愈。舌质仍淡，苔薄白，脉仍无力。用参苓白术散加味。

潞党参 15g	黄　芪 24g	白　术 9g	茯　苓 12g
白扁豆 12g	怀山药 12g	当　归 6g	薏苡仁 15g
莲　米 9g	砂仁（后下）5g	炒陈皮 9g	炙甘草 3g

8 剂，水煎服，日 1 剂。

三诊：3 月 22 日。上方连服 8 剂，昨日月经来潮，颜色正常，量仍少。形、气、色、脉正常。嘱其注意饮食、生活，不再服药，后期即愈。

按语：本例患者系功课繁重，思虑伤脾，过食冷餐，寒凉伤中，中阳不振，纳化失常。脾虚气血生化不足，血海至时不得满溢，故月经推后，经量减少；脾虚水谷之精微不能上输以化营血，反而下注聚为湿浊，损伤任带，白带绵绵不绝。故初诊之时，曾先生先予温中补虚，扶其阳土，壮其生机。复诊时中阳已复，主以健脾养血止带。三诊时病已应药，形、气、色、脉正常，故以饮食调理善后。

病案二　马某，女，40 岁。初诊：1992 年 12 月 26 日。

主诉：停经 45 天。

现病史：平素月经 4～5 天 /26～30 天，轻微痛经，不需服药，末次月经：1992 年 11 月 11 日。现月经尚未来潮，无乳房胀痛及小腹坠胀，自觉口干喜饮，手心发热。舌质红，苔少，脉细缓。查尿 HCG 阴性。

诊断：月经后期。

辨证：阴血亏虚，冲任不充。

方剂：四物汤加味。

熟地黄 10g	当　归 15g	白　芍 15g	川　芎 15g
南沙参 15g	麦　冬 15g	桑寄生 10g	续　断 10g
菟丝子 10g	甘　草 5g		

3 剂，日 1 剂，水煎温服。

二诊：1992 年 12 月 29 日。服中药效不显，月经仍未来潮。仍感口干，手心发热汗出，舌质红，苔少，脉细数。B 超示：宫内未见妊娠囊。辨证为阴虚血热，冲任不充。予六味地黄丸加减。

生地黄 15g	枸杞子 15g	山　药 15g	山茱萸 15g

泽　泻 10g　　　　茯　苓 15g　　　　牡丹皮 15g　　　　南沙参 15g

当　归 15g　　　　白　芍 15g

6 剂，日 1 剂，水煎温服。

三诊：1993 年 1 月 5 日。药后自诉精神转好，阴道分泌物增加，但诉腰酸、口干改善，手心微热，舌质正常，苔薄，脉有起色，前法获效。此诊阴血已复，但仍显肾气不足，冲任虚衰，故易方归肾丸加味以补肾调经。

熟地黄 10g　　　　山　药 15g　　　　山茱萸 15g　　　　茯　苓 15g

当　归 15g　　　　枸杞子 15g　　　　杜　仲 15g　　　　菟丝子 15g

白　芍 15g　　　　川　芎 15g　　　　桃　仁 10g

5 剂，日 1 剂，水煎温服。

四诊：1993 年 2 月 11 日。服归肾丸加减后，于上月 8 日经来，腹痛较过去轻，色正常，舌质正红，苔常，脉缓。仍用上方 3 剂。

药后月经如期而至，后又以归肾丸合逍遥散调理经行腹痛，效显。

按语：本例为阴血不足，当经来之时血海亏虚，冲任不得盈满，而至月经后期，火逼水涸，故口干喜饮、手心发热；而舌质红，苔少，脉细缓，为阴血亏虚之象。故首诊治以补血活血之四物汤加味：方中主要药物熟地黄善补阴血；当归入血分，既能补血，又补中有行；白芍养血敛阴，使已补之血有所藏；川芎活血行气，使补而不滞。服药后，月经未潮，仍有口干喜饮、手心发热之象，考虑为阴血不足，虚热内生，应酌加清虚热之药，故二诊易方六味地黄丸加减，治以养阴清热、活血养血。药后症状好转，之后又易方归肾丸加味，以补肾调经，药后月经来潮。本例为病证为月经后期，以营血不足为主证，虚热内生为兼证，临证时应标本兼顾，首要解决患者最为不适之症状。

病案三　晏某，女，30 岁。初诊：1993 年 4 月 24 日。

主诉：停经 40 天。

现病史：平素经常二三月一行，量可，近 2 年余较准，本次月经已推后 10 天，现仍未来潮。近几天，小腹胀坠如经来之状，但又不来，乳房亦胀。平时白带多，有臭气，色黄。舌淡，苔白，脉细缓。

诊断：月经后期。

辨证：气血两虚，血行不畅。

方剂：八珍合归肾加减。

当　归 15g	川　芎 15g	白　芍 15g	熟地黄 10g
党　参 15g	香　附 15g	炒白术 15g	茯　苓 15g
山　药 15g	枸杞子 15g	杜　仲 15g	菟丝子 15g
甘　草 5g			

二诊：1993 年 5 月 22 日。上次月经延后未来，服上方后于 29 日月经来潮。现又将潮，感全身不适，疲倦，夜尿多，易脱发，思想不易集中。舌质淡暗，苔薄白，脉沉细。肾气不足，冲任不充。治以归肾丸加减。

熟地黄 10g	山　药 15g	山茱萸 15g	茯　苓 15g
丹　参 15g	枸杞子 15g	杜　仲 15g	菟丝子 15g
黄　芪 15g	生地黄 10g	甘　草 5g	

5 剂，日 1 剂，水煎温服。

药后月经如期来潮，患者害怕病情反复，要求继续调理，仍以归肾丸为基础方调理了 2 个周期，病情没有反复。

按语：该例患者为气血两虚，致月经后期，二三月一行，经前期小腹坠胀如经来之状，但又不来，乳房胀痛不适，正如清代医家江之兰所言："气虚则行迟，迟则郁滞而痛。"患者病程长，久病伤肾，肾水真阴不足，精衰血少。《素问·六节藏象论》说："肾者主蛰，封藏之本，精之处也。"故治当气血双补，滋阴养肾。方用八珍汤加归肾丸，去山茱萸，加香附。八珍汤为四君子汤与四物汤相合而成，四君子汤补气健脾、培土生金，四物汤补血调营。归肾丸补肾填精，去山茱萸之收敛，加香附以行气解郁。故二诊时患者月经将潮，感全身不适，疲倦，夜尿多，易脱发，思想不易集中，舌质淡暗，苔薄白，脉沉细。继续于归肾丸加减滋补肾精，患者病情得以治疗。

病案四　某女，26 岁。初诊：1985 年 4 月 9 日。

现病史：患者 16 岁月经来潮，月经三四月一行，量少色淡，伴经来腹痛。婚后常感头晕神疲，腰膝酸软，带下量多而清，性欲淡，性格喜静恶躁，经前常感乳房胀痛，经多方求治效不显。末次月经：1985 年 2 月 9 日。妇科检查：子宫发育小。体检：乳房发育欠佳，脉象沉细无力，两尺脉极弱。

中医诊断：月经后期。

西医诊断：子宫发育不全。

辨证：先天不足，冲任虚亏。

治法：补冲任，益精血。

熟地黄 15g	鹿角霜 15g	淫羊藿 15g	桑 椹 15g
益母草 15g	怀山药 20g	白 薇 15g	赤石脂 15g
橘 核 15g	紫石英 15g	紫河车 10g	巴戟天 15g
川牛膝 15g			

8 剂，水煎服，两日 1 剂。

二诊：5 月 2 日。自诉 4 月 20 日月经来潮，量稍有增多，经前乳房胀痛减轻，腰酸乏力症状减轻。继续原方 8 剂治疗。

三诊：5 月 30 日。月经 5 月 26 日来潮，现月经第 5 天，尚未干净，此次经量又有所增多，性欲改善。嘱其门诊继续治疗。

按语： 肾藏精，精化气，肾精所化之气为肾气。肾中精气的盛衰主宰着人体的生长、发育与生殖。先天不足，生化失期，故子宫与乳腺发育不良；禀赋素弱，精血不足，冲任、子宫失于濡养，"不荣则痛"，故经来腹痛，病机为虚。肾阳亏虚，天癸不充，故月经迟发、量少色淡；命门火衰，封藏失职，故带下量多；腰为肾之府，肾虚则腰酸；头晕神疲，脉沉细无力，迟脉极弱，为肾虚之征。故以熟地黄、紫河车、桑椹益肾填精；巴戟天、鹿角霜、淫羊藿补肾壮阳；赤石脂"补五脏虚乏"；怀山药滋肾益精，健脾益胃；紫石英温暖子宫；益母草、川牛膝、橘核活血调经，通络止痛。共奏补肾益精，温养冲任之功。曾先生在调理月经中善用紫河车，紫河车乃血肉有形之品，能补肾中精血，调补冲任，温通奇经。现代药理研究也证实，该药有类似激素样作用，能提高雌激素水平，增加子宫内膜雌孕激素受体的作用。

3. 月经过多

月经量较正常明显增多，而周期基本正常者，称为"月经过多"。亦称"经水过多"。本病可与周期异常同时发生，如月经先期量多或月经后期量多，尤以前者为多见。本病首见于《金匮要略方论·妇人杂病脉症并治第二十四》。曾先生认为其证属冲任不固，临床常见以气虚、实热、虚热为多，亦有因瘀血为患的也不少见。

气虚：脾主中气而统血。如因体质素弱，或思虑过多，或饮食失节，或疲劳过度，或大病久病，损伤中气，经行之际其气益虚，不能统血固冲，使脉中之血随经而外溢，以致经量增多。如病程过长，失血难于恢复，使气血俱亏，则可导致心脾两虚。若迁延更久，或平素肾气不足，以致脾损及肾，脾肾气虚，血失统摄，又失温煦，则可转为虚寒。

实热：体质素盛，阳旺内热，或过食辛燥动火，或肝郁化热，或外感热邪等，热入血分，扰及冲任，乘经行之际，迫血妄行，遂使经量增多。即《伤寒明理论·热入血室第四十五》所谓"冲之得热，血必妄行"者是也。

虚热：体质瘦弱，阴分素亏，或热病后伤阴，或在高热环境下工作，热甚伤津，或情志内伤、阴津暗耗，或房室不节损伤肾精等，使阴液亏耗，阴虚则无以制阳，阳亢火动，扰于冲任，迫血妄行，遂使经量增多。

血瘀：素多抑郁，使气滞血结，或经期、产后，感受寒、热邪气（月经垫不洁、房室不慎、手术不当或消毒不严），血为寒凝或热结，瘀阻冲任，使新血不得循经而妄行，以致经量增多。即《褚氏遗书·精血》所谓"旧血不去、新血误行"者是也。

曾先生临证善从经色的红、紫、淡、暗，经质的稠黏、清稀，有无血块等结合脉证，以辨其寒热虚实。治法则强调注重病势缓急、所处周期阴阳变化，因时而治。如经期失血过多，特别是连续几个周期经量甚多者，常气血亏虚，不易恢复，故应以摄血止血为主；平时据病性的虚实寒热，采用益气、清热、养阴、活血行滞等法以治本，但经前、经行不宜过用温燥动血之品，防止血量增多。

（1）气虚型

主症：月经量多，色淡红或正常，质清稀，或血块与淡红血水并见；面色㿠白，气短懒言，肢软无力，或动则汗出，或小腹空坠；舌质淡，苔薄白，脉细弱。

治则：补气升阳，摄血固冲。

方药：举元煎。人参、炙黄芪、炒升麻、炙甘草、炒白术。

方解：方中人参大补元气，炙黄芪补气升阳，炙甘草益气补中，炒白术补脾益气，佐黄芪固表止汗，炒升麻助黄芪举陷升阳。全方补气升阳、固脱摄血之效显著，曾先生常用其治气虚不摄之月经过多及其他妇科杂症。

临证加减：值经期血量甚多者，加阿胶、焦艾叶、炮姜炭、乌贼骨等固涩止血；失血伤津，兼见口干思饮者，加麦冬、五味子生津止渴；兼见经期延长十余日不止者，加炒蒲黄、茜草炭、益母草活血止血。

（2）血热证

主症：经来甚多，色鲜红或深红，质稠黏有光泽，间有血块；或小腹作胀，血流出自觉有热感。可见唇干红、口渴、心烦、小溲短黄，大便燥结；舌红，苔黄，脉滑数。

治则：清热凉血，固冲止血。

方药：保阴煎。生地黄、熟地黄、黄芩、黄柏、白芍、山药、续断、甘草。

方解：生地黄养阴凉血止血；熟地黄滋肾水益真阴；白芍配生地黄养血敛阴；山药益肾固精；续断补肝肾，固冲止血；黄柏制相火，退虚热；黄芩清热泄火止血；生甘草调和诸药。全方壮水滋阴，泻火止血，适用于阴虚内热动血之血热证。

（3）血瘀证

主症：经行量多，色紫黑，有血块或小腹疼痛拒按，血块排出后疼痛减轻；或身有瘀点、斑，或舌质紫暗，或舌有瘀点，脉细涩。

治则：活血化瘀，安冲止血。

方药：少腹逐瘀汤。小茴香、干姜、延胡索、没药、当归、川芎、官桂、赤芍、蒲黄、五灵脂。

方解：小茴香、干姜、官桂温经散寒，通达下焦；延胡索、没药行气活血，散瘀止痛；蒲黄、五灵脂活血祛瘀，散结止痛；当归、川芎为血中之气药，配赤芍活血行气，散滞调经。本方有温经散寒，活血祛瘀止痛之效。

典型验案举例

病案一 廖某，女，32岁，机关职员。初诊：1979年8月5日。

主诉：月经量多伴经期延长3个周期。

现病史：患者14岁月经初潮，经期正常，每次行经5天，曾大生1胎，人流1次。今年4月因母亲病逝，情绪忧郁。6月份月经延后半月，量较以往增多，色红质稠，有小块，经期小腹胀甚，胸闷，烦躁，不思食。7月2日经潮，量多如涌，9天始净；经后觉全身无力，气短心累。本次月经昨日来潮，证候如前，量多，站立时经血沿腿下流。今日即感神疲不支，气短心累，不思食，大便常，小便黄热。面色略呈苍白，唇干红，舌红，苔微黄，脉弦数。

诊断：月经过多，经期延长。

辨证：肝郁化热，迫血妄行，冲任不固。

方剂：加味逍遥散加减。

当归身 6g	炒白芍 12g	生地黄 20g	柴　胡 6g
炒川楝子 10g	黑山栀 10g	炒牡丹皮 10g	白　术 10g
炒芥穗 10g	生牡蛎 30g	炒地榆 20g	甘　草 5g

二诊：8 月 10 日。上方服 2 剂，血渐减少。续服 2 剂，今日经净，量较上次减少，经期 6 天，仍感气短神疲。视其苔尚微黄，诊其脉弦细，重按无力。上方去牡蛎、地榆、炒芥穗，加泡参 18g，茯苓 10g，怀山药 15g，以培土疏木，兼以化源。嘱服 6~10 剂，如半月后仍有胁痛乳胀，再来复诊。

三诊：8 月 26 日。服上方 6 剂，精神好转，眠食均佳，即停药。昨日因与他人发生争执，两胁乳房胀痛又作，夜眠不安，心烦口苦，二便常。舌质红略干，苔薄黄，脉弦细。仍拟疏肝解郁，佐以清热为治。

当　归 6g	白　芍 12g	柴　胡 6g	炒川楝子 10g
茯　苓 10g	白　术 10g	炒牡丹皮 10g	黑山栀 10g
夏枯草 10g	青橘叶 7 片	丝瓜络 9g	甘　草 5g

四诊：9 月 2 日。服上方 4 剂，胁痛乳胀均愈，睡眠渐佳，口尚微苦，小腹微胀，舌仍红，脉仍有弦象，月经将潮。拟和营养血，佐以疏肝。

生地黄 12g	当归身 6g	炒白芍 12g	炒川楝子 10g
制香附 9g	炒牡丹皮 9g	黑山栀 10g	炒芥穗 9g
益母草 15g			

4 剂，水煎服，日 1 剂，早晚分服。

以后未再复诊，次年协同事冯某来院诊病。自述服药后，经量经期均已恢复正常，数月来未见不适。

按语：唐容川《血证论》中说："木郁为火，则血不和，火发为怒，则血横决、吐血、错经、血痛诸症作焉。"本例乃由肝气不及，郁而化热，转为疏泄太过，肝血不藏，致使冲任不固而出现月经过多、经期延长之候。失血既多，理当止血；热迫血热，理当清热。然而肝郁不解，则病本未除，故在牡丹皮、栀子、生地黄凉血清肝，牡蛎、地榆、炒芥穗平肝止血的同时，以柴胡、川楝子疏肝解郁为治本之图，又以归芍养血和血，白术、甘草健脾益气。失血量多，气随血泄，且肝木乘土，生血之源受伐，故继以培脾气，解肝郁，佐以清热为治，标本兼顾，肝脾同治，使郁解热除，肝气条达，气血冲和，经候复常。

病案二 陈某，女，33 岁，职员。初诊：1996 年 8 月 9 日。

现病史：本次月经 7 月 28 日来潮，量多如小便样，色红，至今未净。平时月经周期正常，5～7 天净，量偏多。带下色黄，有异味，腰痛。因患有风湿，本次经来曾服治风湿药。现自觉全身无力，眼睑略呈苍白，舌质红，苔白，脉细缓无力。

根据平时带多，有臭，腰痛，可能素有盆腔炎症，在经前又服治风湿药，引起月经过多，复失血伤气。拟先予益气止血，佐以清热解毒。予举元煎合银翘红酱解毒汤加味。具体方药如下。

潞党参 18g	黄 芪 18g	麦 冬 15g	五味子 12g
银花藤 18g	连 翘 15g	红 藤 20g	黄 柏 13g
薏苡仁 30g	生地黄 15g	牡丹皮 12g	墨旱莲 20g
生地榆 15g	甘 草 6g		

5 剂，日 1 剂，水煎服。

二诊：1996 年 8 月 20 日。服上方血止。平时带多色黄，有臭；伴腰痛，小腹两侧胀痛，口干而苦，喜饮，多汗，舌质红，苔少，脉细弦（有类风湿性关节炎病史）。为湿热郁于下焦，拟银翘红酱解毒汤加减。

生地黄 18g	牡丹皮 12g	败酱草 15g	泽 泻 15g
金银花 18g	红 藤 30g	薏苡仁 30g	茯 苓 15g
苍 术 15g	椿根皮 15g	甘 草 6g	

5 剂，日 1 剂，水煎服。

三诊：1996 年 8 月 29 日。服上方后，白带量恢复正常，色黄，无臭。今日月经来潮，色红，量中，略感疲乏，舌质红，苔薄，脉细弱。恐月经类上月样，遂来就诊。此为湿热未尽，气血尚虚，予滋血汤合银翘红酱解毒汤加减。

生地黄 15g	潞党参 18g	黄 芪 18g	茯 苓 15g
当 归 12g	银花藤 15g	白 芍 15g	川 芎 12g
黄 柏 12g	薏苡仁 20g	连 翘 12g	红 藤 12g

蒲黄^炒12g　　　　　败酱草 15g

5 剂，日 1 剂，水煎服。

该患者后复诊：诉 8 月底月经恢复正常，经治腹痛逐渐消失，白带减少，遂至风湿科继续治疗类风湿关节炎。

按语：此患者月经量一向偏多，久之气随血耗，阴随血伤。阴血亏耗，气与血俱虚，不得荣养头面四肢，出现面色苍白、全身无力等症；下焦素有湿热，损伤任带二脉致平时带多，有臭，腰痛；热与血结，瘀结不畅，滞于少腹、腰骶，可见小腹两侧胀痛、腰痛等症，方选举元煎合银翘红酱解毒汤加味以益气止血、清热解毒。湿邪致病缠绵难愈，治在平时，故经净后单以清热解毒燥湿之银翘红酱解毒汤论治，最终获效。

4. 月经过少

月经周期基本正常，经量明显减少，甚或点滴即净；或经期缩短不足两天，经量亦少者，称为"月经过少"，亦称"经水涩少"。本病在《诸病源候论·月水不调候》有"月水……乍少"的记载。说明当时医家已对月经过少有所注意。其后历代医家如刘河间、朱丹溪、万全、王肯堂等或从治法方药，或从病因病理，不断提出新的见解，丰富了月经过少的内容。曾先生认为本病的病机有虚有实。虚者多因肾精不足，冲任血海亏虚，经血化生乏源，酿成冲任不盛之证；实者多由瘀血内停，或痰湿内生，痰瘀痹阻冲任，冲任阻滞，血行不畅，故发为月经过少。临床以肾虚、血虚、血瘀、痰湿为多见，其治疗重在养血行血调经。虚者补肾养血调经；实者疏通经脉，祛瘀化痰，以畅血行。若失治、误治，可发展为闭经。

（1）血虚证

主症：经血量少，经色淡红，质稀薄；伴面色萎黄，头晕眼花，心悸气短，经行小腹绵绵作痛，舌淡红，苔薄，脉细弱。

治则：养血调经。

方药：滋血汤（《证治准绳·女科》）。人参、山药、黄芪、白茯苓、川芎、当归、白芍、熟地黄。

方解：熟地黄、白芍、当归、川芎四物养血活血；人参、黄芪、山药、白茯苓健脾益气，以资生化之源，气生血长，以气血双补。全方补气与补血并重，有养血调经之效。

临证加减：若患者面色苍白，贫血较重，则重用黄芪，以速固无形之气，气固则血生；食少纳呆者，加砂仁、鸡内金、陈皮以行气消滞；经血点滴即止者，加山茱萸、枸杞子、阿胶以养血填精；心悸失眠者，加炒酸枣仁、首乌藤以养心安神。

（2）肾虚证

主症：经行量少，经色淡暗；伴面容憔悴，头晕耳鸣，腰骶酸软冷痛，小腹凉，夜尿多，舌淡暗，苔薄白，脉沉细、尺脉无力。

治则：补肾填精，养血调经。

方药：归肾丸（《景岳全书》）。熟地黄、山药、山茱萸、茯苓、当归、枸杞子、杜仲、菟丝子。

方解：菟丝子、杜仲补益肾气，熟地黄填补肾精，山茱萸、枸杞滋养肝阴，茯苓、山药健脾和中，当归养血调经。全方兼顾肾、肝、脾三脏，且滋而不腻，补而不燥，有补肾填精、养血调经之功。

临证加减：小腹凉，夜尿多，手足不温者，加淫羊藿、巴戟天、肉桂、益智仁以温补肾阳；若五心烦热、舌红者，加女贞子、玄参、龟甲胶以滋养肾阴；若咽干口燥、潮热汗出者，加天花粉、知母以养阴清热。

（3）血瘀证

主症：经血量少，色暗红，或夹有小血块；小腹胀痛不适，经行后痛减，或伴胸胁胀痛，腰骶疼痛，舌紫暗，有瘀斑或瘀点，脉沉涩或沉弦。

治则：活血化瘀，养血调经。

方药：桃红四物汤（见"经期延长"）。

临证加减：胸胁小腹胀满者，加枳壳、香附、川楝子以行气止痛；小腹冷痛者，加肉桂、炮姜以温经通络；若咽干口苦身热者，加黄芩、牡丹皮以凉血活血；若神疲乏力者，加黄芪、人参、白术以健脾益气。

（4）痰湿证

主症：经血量少，色淡红，质黏稠或夹杂黏液；形体肥胖，胸脘满闷，倦怠乏力，或带下量多；舌体胖大，边有齿痕，苔白腻，脉弦滑。

治则：燥湿化痰，活血调经。

　　方药：二陈加芎归汤（《万氏妇人科》）。陈皮、茯苓、当归、川芎、香附、枳壳、半夏、甘草、滑石。

　　方解：陈皮、半夏燥湿化痰，理气和中；枳壳、香附行气，气行则痰化；滑石化湿，湿去则气行；川芎、当归养血行血。全方共奏燥湿化痰，理气调经之功。痰化湿除，经脉通达，脾气健运，血行畅顺，则月经通畅如常。

典型验案举例

　　张焕荣，女，48岁。初诊：1992年12月10日。

　　主诉：月经量减少2个月。

　　现病史：近2个月经期延后4~5天。第1个月量少，仅来少许暗红色血液，可不用卫生棉；本月量仍少，伴全身酸痛、头昏、腿软、面目下肢肿、按之凹陷，末次月经1992年11月20日。舌淡苔白，脉细弦。

　　诊断：月经过少。

　　辨证：肾虚血亏。

　　方剂：六味地黄丸加减。

生地黄 15g	山　药 15g	茯　苓 15g	山茱萸 15g
补骨脂 15g	牡丹皮 15g	泽　泻 15g	枸杞子 15g
鸡血藤 15g	桑　枝 15g	猪　苓 15g	

　　二诊：12月15日。药后月经尚未来潮，但觉头昏乏力好转。仍感心累，气短，面部黄褐斑，浮肿，腿软无力，口干，舌质红，苔少干，脉细缓。脾肾不足，水湿不运。参术六味加减。

南沙参 20g	白　术 15g	山　药 15g	山茱萸 15g
生地黄 15g	牡丹皮 15g	泽　泻 15g	茯　苓 15g
女贞子 15g	猪　苓 15g	石　斛 15g	蒲　黄 15g
墨旱莲 15g	黄　精 15g		

　　三诊：12月19日。药后肿减，身痛亦减，精神饮食可。有时视物不清，面部黄色斑，舌淡，苔白滑，脉细。此属脾肾两虚证，六味四君汤加减。

生地黄 15g	山　药 15g	牡丹皮 15g	山茱萸 15g
南沙参 20g	泽　泻 15g	茯　苓 15g	白　术 15g
炙甘草 5g	枸杞子 15g	桑　叶 15g	桑　椹 15g

四诊：12月26日。月经已潮，量稍多，现为月经第六天。颈部引肩背痛，不能向左转向，舌质常，苔薄，脉细弦。气血不足，筋脉失养。参芪四物汤加独活、秦艽。

党　参20g	黄　芪15g	当　归10g	熟地黄15g
白　芍15g	川　芎15g	独　活15g	秦　艽15g
桑　枝15g	补骨脂15g		

按语：本例患者为已近七七之年，此时天癸将竭，脾肾功能衰弱，精亏血少，冲任不充，故经水衰少；肾为主水之官，肾阳不足，不能化气行水，肾气虚衰，气化不利，均可致膀胱开合失调，水湿内停，泛溢肌肤则发生浮肿；肝为藏血之脏，肝血虚少，血海不充，症见头晕、脚软，故方选六味地黄丸以滋阴补肾。景岳曰："凡水肿等症，乃肺脾肾三脏相干为病，盖水为至阴，故其本在肾，水化于气，故其标在肺，水惟畏土，故其制在脾。"方中生地黄、山药、牡丹皮、枸杞子养阴中之真水；山茱萸、补骨脂、桑枝化阴中之阳气；茯苓、泽泻、猪苓利阴中之滞；佐以鸡血藤养血活血，去瘀生新，血行以利水行。上方诸药合用能使气化于精，即所以治肺也；补火生土，即所以治脾也；壮水利窍，即所以治肾也。二诊患者仍感心累气短，故在原方基础上加以健脾滋阴，而使冲任充盈，经水自能如期而至。病人四诊用药选方均不相同，说明治病调经不能拘于一时之功，应据症而辨，随症加减，方能见效。

5. 经期延长

月经周期基本正常，行经时间延长超过七天，甚至淋漓达半月始净者称"经期延长"，亦称"月水不断""经事延长"，本病经量一般不多，若伴见量多则为经期延长伴月经过多。若正常行经超过半月仍淋漓不净则称"经漏"，终月淋漓不净或经血非时而下日久不净无做期可言者则为"漏下"，又当属"崩漏"的范畴，在下一节中将作详细论述。

早在《诸病源候论·妇人杂病诸候·月水不断候》中就指出，该病乃由"劳伤经脉，冲任之气虚损，不能约制经血"所致。历代医家对本病病机的认识也以虚为主。曾先生认为本病的发病机理多由气虚冲任失于约制或热邪扰动冲任致血不循经；或外邪客胞，瘀血阻滞冲任，新血不得归经而致。临床常见有气虚、血热、血瘀等证。辨证以月经量、色、质为主，结合伴随症、舌、脉综合分析。如经期延长见经色淡，质清稀或有水迹，伴见脾气虚脉症者，属脾虚气弱；如见经色鲜红质稠，量少，伴见阴虚内热见症，舌红脉细数者，属阴虚内热；如经色暗如酱夹黏液，质黏稠，气秽臭伴见小腹疼痛，平时带下量多，苔黄腻者，属湿热蕴结；若经色黑而有块，少腹疼痛拒按，舌紫暗或有瘀点，脉沉涩者，属瘀血阻滞。

治疗原则以经前经期服药为主，特别强调经期服药以"止血"为要。气虚者，宜益气摄血，佐以温经止血；阴虚内热者，宜滋阴清热，安冲宁血；湿热蕴结者，宜清利湿热，佐以止血；瘀血阻滞者，以通为止，活血化瘀止血，瘀去新生，血循正道，自无淋漓之弊。

（1）气虚证

主症：月经过期不净、量少、色淡、质清稀或有水迹；或见神倦嗜卧，肢软无力，或头昏眼花，心悸少寐，或纳少便溏，舌质偏淡，苔薄白，脉缓弱或虚细。

治则：健脾益气，温经止血。

方药：归脾汤加炮姜炭，炒艾叶。人参、白术、茯苓、黄芪、龙眼肉、酸枣仁、木香、炙甘草、生姜、大枣。

方解：参、术、苓、草补脾益气，黄芪补气摄血，龙眼肉补益心脾养血安神，酸枣仁养心安神，木香理气醒脾，炮姜炭、炒艾叶温经止血。

（2）虚热证

主症：月经淋漓过期不净，量少、色红、质稠；颧红、潮热或手心灼热，或咽干口燥，舌质红少津，苔少，脉细数。

治则：滋阴清热止血。

方药：两地汤合二至丸加减。生地黄、地骨皮、玄参、麦冬、阿胶、白芍、女贞子、墨旱莲、茜草、乌贼骨、益母草。

方解：生地黄、玄参、麦冬养阴滋液，壮水以制火；地骨皮泻肾火，清虚热，善止骨蒸潮热；阿胶滋阴补血；白芍养血柔肝，敛阴和营；女贞子、墨旱莲以滋阴清热止血；茜草、乌贼骨、益母草收敛止血。

（3）血瘀证

主症：月经淋漓延期不净，量少，色暗有块；小腹疼痛拒按，舌质紫暗或有瘀点，脉弦数。

治则：活血化瘀止血。

方药：桃红四物汤合失笑散加减。当归、川芎、红花、熟地黄、白芍、桃仁、五灵脂、蒲黄、茜草、益母草。

方解：当归、川芎养血活血调经；五灵脂、蒲黄、桃仁、红花活血祛瘀；白芍柔肝缓急止痛；熟地黄补血滋阴；茜草、益母草化瘀止血调经。

典型验案举例

病案一 肖某，18 岁，学生。初诊：5 月 22 日。

现病史：青春期功血，服药已愈，上月因期中考试，学习较紧张，经期延长，色淡。本月月经 11 日来潮，周期尚准，色仍淡，量不多，但至今未尽，昨日又转红，无口干，舌质红，苔少，眼睑略呈苍白，脉细无力。诊断：经期延长。辨证属肾气不足伴阴虚证。治以补肾滋阴益气，归肾合参麦汤加减。

山 药 18g	菟丝子 12g	生地黄 15g	枸杞子 15g
杜 仲 12g	山茱萸 12g	明沙参 15g	麦 冬 15g
牡 蛎 15g	五味子 15g	甘 草 3g	

复诊：5 月 31 日。服上方后月经干净，色淡，药后口干，胃口稍好，舌质淡，苔少，脉细弱。证属肾气不足，气血两虚，冲任不固，予举元煎加减。

党 参 15g	黄 芪 18g	炒白术 15g	升 麻 15g
生地黄 15g	山 药 18g	枸杞子 12g	牡 蛎 12g
五味子 15g	甘 草 3g		

三诊：6 月 4 日。服上方后精神好，食欲欠佳，昨天月经又潮（仅隔 22 天），腹不痛，量不多，先暗后转红，较稠，气短，易累，唇淡，舌亦淡，眼睑苍白，脉细缓弱而尺尤甚。气血两虚，肾气尤弱，举元合归肾汤加减。

潞党参 15g	黄 芪 18g	升 麻 12g	白 术 15g
山 药 18g	山茱萸 12g	熟地黄 15g	菟丝子 15g
仙 茅 15g	续 断 12g	桑寄生 12g	陈 皮 15g
砂 仁 12g	甘 草 3g		

四诊：6 月 11 日。精神更有好转，月经 3 日来，至今未尽，色暗，量少。今日学习较紧张，睡眠不够，胃胀，纳少，唇舌稍红，脉细缓。原方去山茱萸、仙

茅、山药，加厚朴 12g，枳实 15g，补骨脂 15g，赤石脂（布包）12g。五诊：6
月 20 日。月经已于 12 日干净，现头晕，胃不适，腹胀，大便不畅。（病人未来，
由其母代述）根据上次情况，仍为气血不足，脾失健运。拟六君加木香 15g，藿
香 12g，瓜蒌仁 15g，杏仁 10g。

六诊：7 月 1 日。月经今日潮，提前 2 天，量不多，色先淡后红，上午有，
下午无。余无特殊不适，纳眠尚可，坐久后突然坐起即感头晕，舌质常，尖红，
苔微黄而厚，脉滑数。阴虚血热，月经先期，两地汤合二至丸加减。

生地黄 15g	地骨皮 18g	牡丹皮 15g	赤　芍 12g
女贞子 15g	墨旱莲 15g	山茱萸 12g	云　苓 15g
续　断 12g	桑寄生 12g	牡　蛎 12g	明沙参 15g

七诊：7 月 3 日。服两地汤加减 2 剂（尚未服完），今日经量转正常，右侧小
腹隐痛，纳可，舌质淡，苔干，脉细数。气阴两虚，夹有瘀滞。前方去女贞子、
沙参，加丹参 15g，党参 15g。

八诊：7 月 20 日。药后右下腹痛止，月经持续 7 天干净，量中等，纳眠尚可，
舌质偏淡，眼睑苍白，脉细弱。乃气血两虚，肾气不足。拟补气血、益肝肾，举
元煎加减。

潞党参 15g	黄　芪 18g	炒白术 15g	升　麻 15g
归　首 12g	生地黄 15g	酒白芍 12g	山茱萸 12g
菟丝子 15g	制首乌 15g	牡　蛎 15g	墨旱莲 18g
甘草 3g			

九诊：8 月 5 日。月经 8 月 3 日来潮，如正常月经样（按上次经期应为正常
周期），小腹两侧胀痛，晨起口干，舌质红，苔微黄，脉滑数。阴虚血热之月经
先期、经期延长，正值经期，予养阴清热，佐活血止血。生脉饮合寿胎丸加减。

明沙参 12g	麦　冬 15g	五味子 12g	生地黄 15g
归　身 12g	赤　芍 15g	香　附 15g	台　乌 15g
续　断 12g	桑寄生 12g	牡　蛎 12g	益母草 15g

十诊：9 月 18 日。月经 9 月 1~6 日，量如正常月经，饮食睡眠尚可，二
便正常，舌质淡红，苔薄白，脉弦细。予补肾健脾调理善后，方用寿胎异功散
加减。

续　断 12g	桑寄生 12g	潞党参 15g	白　术 15g
茯　苓 15g	甘　草 3g	黄　芪 18g	熟地黄 12g
归　首 12g	陈　皮 15g	甘　草 3g	

7 剂, 日 1 剂, 水煎温服。

按语: 本例青春期患者肾气初盛未实, 肾虚固摄无权, 故经量向多, 久之阴血亏耗, 可见经血淡红、头晕、眼睑苍白; 血损及气, 中气不足, 中焦运化无权, 阳气无以敷布, 故纳差、腹胀、气短、易累。阴血不足, 反生内热, 热迫冲任妄行, 阴血更虚, 气损更重, 如此周而复始, 加重病情。故欲调其经事, 经行益肾滋阴以制阳光, 经净后补肾健脾、养血益气以固摄冲任, 此是治本之道。

病案二 喻某, 女, 37 岁, 成都铁路局职工。初诊: 1996 年 10 月 24 日。

现病史: 上次月经 5 天净, 隔 10 天又来 2 天, 本月 7 日经来, 第 1~5 天色鲜红, 量较平时稍多, 后量减少, 色暗红, 至今未净。失眠 (需服安眠药方能入睡), 舌质红, 苔少, 脉细数。诊断为经期延长, 月经过多。辨证属肝肾不足, 阴虚内热证。

治以滋养肝肾, 佐以止血。生脉饮合寿胎丸加减。

太子参 15g	麦　冬 15g	五味子 12g	生地黄 15g
怀山药 18g	白　芍 15g	白　术 15g	墨旱莲 18g
续　断 15g	桑寄生 15g	牡　蛎 15g	益母草 15g

3 剂, 日 1 剂, 水煎服。

二诊: 1996 年 10 月 26 日。服药后阴道下血明显减少, 小腹痛止, 腰痛减, 舌质淡, 苔白, 脉细。系阴虚未复, 正气不足, 方已奏效, 仍按前法, 佐以益气。

潞党参 20g	炒白术 15g	麦　冬 15g	五味子 15g
生地黄 18g	紫丹参 15g	续　断 15g	桑寄生 15g
女贞子 15g	墨旱莲 18g	牡　蛎 15g	仙鹤草 18g

4 剂, 日 1 剂, 水煎服。

三诊: 1996 年 11 月 2 日。阴道流血已止, 无其他不适, 舌质偏淡多津, 脉左弱右滑而有力。系气偏盛而血偏虚, 拟养血调气, 予调肝汤合生脉散加减。

| 明沙参 15g | 麦　冬 15g | 五味子 15g | 黄　芪 18g |

| 怀山药 15g | 熟地黄 15g | 荆芥穗 10g | 白　术 15g |
| 菟丝子 15g | 柴　胡 15g | 桑寄生 15g | 续　断 15g |

4 剂，日 1 剂，水煎服。

按语：热伏冲任，动血迫血。此例患者之热乃阴虚阳盛所产生，故月经先期而至，经期延长，色鲜红；热扰心神，故失眠；舌质红，苔少，脉细数乃阴虚血热之征。阴虚内热，热扰冲任，血海不宁，迫血妄行，则经期延长、月经先期而下、经量可增多、色鲜红。《沈氏女科辑要笺正》指出："经事延长，淋漓不断……必当潜藏龙相，封固滋填，非仅清血热所能有济。"以寿胎生脉散加减治疗，以收滋养肝肾、清热调经之效。药后腰腹痛减，肾阴亏虚渐复，仍按原法，巩固疗效，兼调理气血，以期其平。

病案三　邓某，女，30 岁，成铁幼儿园教师。初诊：1996 年 9 月 24 日。

现病史：月经周期正常，经来前 7 天，量极少，可不用纸，然后正式来经，量较以往亦少，6～7 天净。平时白带不多，色黄，伴神疲、心累，子宫有轻度下垂，有阴道炎病史。舌质红，苔少，脉细，重按无力。

系脾肾气虚，经期延长伴月经过少、子宫脱垂，予举元煎合寿胎丸加减。

党　参 15g	黄　芪 18g	炒白术 15g	升　麻 15g
生地黄 15g	山　药 18g	菟丝子 12g	续　断 15g
枸杞子 12g	牡　蛎 12g	桑寄生 15g	甘　草 3g

4 剂，日 1 剂，水煎服。

二诊：1996 年 10 月 3 日。月经今日止，经来量极少，色暗红，小腹痛甚如经不通样，纳可，口时苦，有子宫脱垂，气短下陷，欲呕，精神欠佳，语音低怯，舌质略淡，脉细无力。系脾肾气虚，经期延长，子宫脱垂，拟香砂六君子汤加味。

潞党参 15g	黄　芪 18g	炒白术 15g	云　苓 15g
青木香 12g	陈　皮 15g	法半夏 15g	砂　仁 10g
全当归 15g	赤　芍 15g	延胡索 15g	甘　草 3g

5 剂，日 1 剂，水煎服。

三诊：1996 年 11 月 15 日。月经淋漓难尽（11 月 10 日取环，注射长效避孕针）。11 月 2 日经来，量极少，色暗黑，昨日转红，仍稍增，小腹胀痛甚，坐卧不安，眠差，心烦，口不苦，食可。舌质正红，苔少乏津，脉细涩。系气滞血瘀，经行不畅，拟通瘀煎加减。

当　归 15g	赤　芍 13g	川　芎 12g	生山楂 15g
香　附 15g	丹　参 15g	桃　仁 10g	五灵脂 12g
蒲黄（生炒各半）18g		台　乌 15g	益母草 15g

4 剂，日 1 剂，水煎服。

四诊：1996 年 11 月 19 日。服通瘀煎加味，量增多，但较正常量仍少，腹痛稍减，拒按。舌正红，苔少，脉细弦。今日月经量已减少，追问其平素心急易怒，时有胁肋胀痛，系肝郁脾虚，拟逍遥散加味，嘱其月经干净后服用。

全当归 15g	川　芎 12g	生地黄 12g	赤　芍 15g
柴　胡 15g	云　苓 12g	炒白术 15g	丹　参 15g
莪　术 15g	延胡索 15g	木　香 15g	甘　草 3g

5 剂，日 1 剂，水煎服。

1997 年端午节，因母亲老年性阴道炎协其就诊。诉服上方后，下月月经量即基本正常，但伴有腹痛，自己拿上方煎服两个月，后经行腹痛未再出现。

按语：该患者平素中气不足，冲任不固，不能制约经血，以致经行过期不净；肾气亏虚，精血不足，冲任血海不盈，故月经量少；中气不足，阳气不布，故伴神疲、心累等症；中气下陷则可表现为子宫升举无力，向外脱出。《证治准绳·女科·调经门》中："经水涩少，为虚为涩，虚则补之，涩则濡之。"治当补气摄血、益肾调经，方选举元煎合寿胎丸加减。血止后，又当补肾健脾以治其本。患者经行之际见证气滞血瘀，经行不畅，用通瘀煎活血化瘀、行气止痛以促进月经正常来潮。经净后，根据其体质辨为肝郁脾虚以善其后，则经行自调。

6. 崩漏

崩漏是指经血非时暴下不止或淋漓不尽，前者称为"崩中"，后者称为"漏下"。崩，首见于《素问·阴阳别论》中"阴虚阳搏谓之崩"；漏，首见于《金匮要略》中"妇人有漏下者，有半产后续下血都不绝者，有妊娠下血者……"崩和漏是以症状命名的，虽临床表现相异，但在发病过程中常互相转化，可由崩而漏，或由漏而崩，或崩漏交替出现，故总称为崩漏。曾先生认为本病的发病机理多由脾肾亏虚，冲任失于固摄；或热邪、阴火扰动冲任致血海蓄溢失常；或瘀血阻滞冲任，新血不得归经而致。临床常见有肾虚、脾虚、血热、血瘀证等。

曾先生认为崩漏为病虽可概括为虚、热、瘀等不同机理，但发病常非单一原因。如怒动肝火之实热崩漏，肝不藏血，冲任蓄溢失常为其主要病机；同时又有火热扰血，迫血妄行的病变。再则肝病可侮脾及肾，因而又可有脾虚失统、肾虚失固病变存在。又如阴虚阳搏成崩，病起于肾，而肾水阴虚不能济心涵木，以致"心火亢盛，肝肾之相火挟心火之势亦从而相煽"（《妇科正宗·崩漏门·崩漏总论》），导致"血脉泛溢，错经妄行"而成为心、肝、肾同病的崩漏证。又无论何因所致的崩漏，由于失血耗气，均存在不同程度的统摄失司、冲任失养病变，日久均可转化为气血俱虚或气阴两虚，或阴阳俱虚。所以崩漏为病，即或由单一原因所引起，但在发病过程中常气血同病，多脏受累，因果相干，其势反复，使病变缠绵难愈，成为妇科的疑难重症。又有"经水出诸肾"（《傅青主女科》）"月经全借肾水施化"（《医学正传》明·虞搏）"四脏相移，必归脾肾""五脏之伤，穷必及肾"，故崩漏病本在肾。

对于崩漏的治疗，曾先生认为不能固守"暴崩宜止，久漏宜清，复旧宜补"的治疗大法。如清法并不都是指的清热凉血、降火、制火，在热证固甚相宜，如脉证无火，就不能一概清热以澄源；又如末用补血以还其旧，投八珍、归脾，应视其所虚而补之使脾胃健、肾气足、冲任调。在治疗上应根据病情的缓急轻重、出血的久暂，采用"急则治其标，缓则治其本"的原则，灵活掌握塞流、澄源、复旧三法。总的来说，治崩宜升提固涩，不宜辛温行血；治漏宜养血理气，不可偏于固涩。总在辨证立方，依方遣药。

（1）脾虚证

主症：经血非时而下，量多如崩，或淋漓不断，色淡质稀；神疲肢倦，四肢不温，气短懒言，纳少，或便溏，面色淡黄；舌淡胖，苔薄白，脉缓弱。

治则：补脾益气，摄血固冲。

方药：固本止崩汤去当归，加山茱萸、乌贼骨、阿胶珠、焦艾叶。熟地黄、白术、黄芪、黑姜、党参、山茱萸、乌贼骨、阿胶珠、焦艾叶。

方解：熟地黄滋阴益血，黄芪、白术益气扶脾，黑姜温经止血，加山茱萸、乌贼骨固涩止血，阿胶珠、焦艾叶益气止血；当归活血，走而不守，故不宜用。

临证加减：经色暗淡如屋漏水，脐下寒冷者，加鹿角胶；气短下坠者，加升麻、柴胡。此外，举元煎、归脾汤、补中益气汤等亦可选用，用时酌加固涩止血药。

（2）肾虚证

①肾阳虚证

主症：经血非时而下，出血量多，淋漓不尽，色淡质稀；腰痛如折，畏寒肢冷，小便清长，大便溏薄，面色晦暗，少腹不温；舌淡暗，苔薄白，脉沉细。

治则：温肾止血。

方药：右归丸去肉桂、当归，加黄芪、仙茅、淫羊藿。熟地黄、山药、山茱萸、菟丝子、鹿角胶、枸杞子、杜仲、附子、黄芪、仙茅、淫羊藿。

方解：熟地黄、枸杞子滋补肾阴，附子、杜仲、菟丝子、鹿角胶、仙茅、淫羊藿温补肾阳，山茱萸补肾益精，黄芪、山药健脾益气；肉桂、当归虽有温补作用，但可通经行血，故出血期间暂不宜用。

临证加减：兼见面浮肿、食少、便溏者，为脾肾阳虚，上方加党参、白术、黑骨脂、炮姜。

②肾阴虚证

主症：经血非时而下，出血量少或多，淋漓不断，色鲜红，质稠；头晕耳鸣，潮热盗汗，腰膝酸软，手足心热，颧赤唇红，舌红，苔少，脉细数。

治则：滋肾养阴，固冲止血。

方药：六味地黄丸去牡丹皮、泽泻，加制首乌、女贞子、墨旱莲、仙鹤草。

方解：生地黄、女贞子、制首乌滋肾益阴，山茱萸补肝肾、益精血，山药、茯苓补脾固精，仙鹤草、墨旱莲凉血止血；原方牡丹皮虽清血热但又活血行血，泽泻虽能祛肾火但利水伤阴，故不宜用。

临证加减：阴虚火亢，兼见五心烦热、渴喜冷饮者，六味地黄汤加知母、黄柏；胁痛口苦，或乳房胀痛者，加当归、白芍、柴胡、白术、栀子。肝肾阴虚，头晕眼花，耳鸣，多梦者，加枸杞子、菊花；出血已止者，适当佐以温肾阳药，加仙茅、淫羊藿、巴戟天、菟丝子之类。

（3）血瘀证

主症：经血非时而下，量或多或少，出血淋漓不断，血色紫暗有块，小腹疼痛拒按；舌紫暗或有瘀点，脉沉涩或弦涩有力。

治则：活血祛瘀止血。

方药：桃红四物汤加味。

方解：四物汤养血活血，桃仁、红花活血祛瘀。

临证加减：以小腹疼痛为主者，加三七、泽兰、益母草、茜草根活血止血；以胀痛为主者，加香附、乌药理气行滞；小腹冷痛者，加艾叶、小茴香温经止痛；兼见皮下出血，并伴有阴虚血热证者，宜养阴清热、祛瘀止血。

（4）血热证

①实热证

主症：经血非时而下，量多如崩，或淋漓不断，血色深红、质稠；口渴喜饮，心烦少寐，头晕面赤；舌红，苔黄，脉滑数。

治则：清热凉血固冲。

方药：清经止血汤。生地黄、牡丹皮、黄柏、黄芩、白茅根、地榆、炒蒲黄、棕炭、益母草。

方解：生地黄、牡丹皮、黄芩、黄柏清热凉血，炒蒲黄、棕炭固涩止血，益母草活血祛瘀止血。

临证加减：湿热下流或外感湿热邪毒，症见小腹坠胀而痛、拒按、下血腐臭、苔黄腻者，去蒲黄、棕炭等固涩止血药，酌加蒲公英、鱼腥草、红藤、土茯苓、贯众、金银花、连翘、黄连、栀子等清热、利湿、解毒之品，以免滞邪；亦可用解毒四物汤。

②虚热证

主症：经血非时而下，量少而淋漓不止，血色淡红；头晕耳鸣，心烦潮热，舌质红，苔少或无苔，脉细数。

治则：养阴清热，凉血固冲。

方药：清热固经汤合生脉散。

沙参、麦冬、五味子、生地黄、地骨皮、黄芩、黑栀子、龟甲、牡蛎、阿胶、地榆、棕炭、甘草、藕节。

方解：沙参、麦冬、生地黄、地骨皮滋阴清热，凉血生津；黄芩清热凉血；地榆、麦冬、藕节、黑栀子清热止血；阿胶滋阴养血止血；五味子敛阴生津；龟甲、牡蛎育阴潜阳，固涩止血。

临证加减：气虚者加黄芪，甚者加红参。

崩漏是以症状命名，在妇产科方面，它涵盖在诸如功能性子宫出血、慢性宫颈炎、流产、产后出血、盆腔炎性疾病、异位妊娠等疾病中。此外，某些全身性疾病，如血液病、内分泌疾病也可以表现出崩漏的症状。因此，在临床辨证治疗时，既要考虑到妇科的疾病，也要考虑到与其他临床各科有关的问题，只有分清证和病的关系，才能更有效地进行治疗。

典型验案举例

病案一　晋某，女，46 岁，教师，入院日期：1976 年 10 月 25 日。

主诉：阴道大出血 3 天。

现病史：月经量多，周期不规律 5 年，1972 年曾住院输血。去年 10 月至今年 2 月在我院住院。住院期间曾用中药、西药、刮宫等方法止血无效，后改用避孕药 1 号而血止。出院后继续用避孕药 1 号，效不如前，改服中药。10 月 1 日起，阴道开始点滴出血，至 22 日，出血增加，势不可止。当夜出现呕吐大汗，在县医院输右旋糖酐两瓶，注射维生素 K、益母草针剂、丙酸睾丸酮若干。血减后，县医院送至我院治疗。

患者自觉心累心跳，胃纳差，语音低微，面色㿠白。阴道仍有出血，色暗红，偶夹块。舌质淡，苔薄白，脉沉弱。妇科检查：外阴有血迹，阴道有血液数毫升。宫颈光滑，有血自颈口流出。未取宫内膜，未作病检。

患者曾诊断为更年期功血，继发贫血。此次就诊系中医所谓气虚不摄，冲任不固之崩漏。即予补气摄血，调固冲任。用举元煎、二至丸合方加味。

党　参 24g	黄　芪 15g	白　术 9g	女贞子 12g
墨旱莲 24g	菟丝子 12g	黑姜灰 9g	龙　骨 30g
血余炭 12g	熟地黄 12g	焦艾叶 9g	阿胶（烊化）6g
炒五味子 9g			

每日 1 剂。

二诊：上方服至 11 月 2 日，阴道出血仅见点滴。因小腹隐痛，舌淡无苔，脉沉缓，故上方稍作加减，仍以益气扶脾、固冲止血。原方去菟丝子、黑姜、熟地黄、血余炭、五味子，加生谷芽、黑荆芥、炒蒲黄、贯众炭、牡丹皮。

三诊：又服 4 剂，11 月 5 日（入院 11 天）出血停止，共流血 35 天。血止后，去除止血之品，加麦冬 12g，怀山药 15g，养心益脾。

四诊：12 月 29 日。阴道再次出血，改用入院时处方。出血第 3 天（12 月 31 日）经量大增，24 小时失血约 500mL（用纸 25 张，床上血块 160mL 左右，痰盂中血块约 200mL）。服用中药，并补充糖水 1000mL，维生素 C 500mg，输血 300mL，右旋糖酐 500mL。对症用麦角、阿度那 2 天（1977 年 1 月 1～2 日）。

五诊：1 月 3 日。出血减少，停用一切西药。仍服中药原方至 1 月 6 日血止，共出血 9 天。继续守方守法，服至 1 月 25 日。

六诊：1 月 25 日。月经来潮，量稍多，有血块。

治法：益气补肾，固冲止血。

党　参 24g	鸡血藤 15g	黄　芪 24g	桑寄生 15g
菟丝子 15g	鹿角片 24g	益母草 24g	茜草根 8g
炒北五味子 12g	藿　香 6g	仙鹤草 20g	夏枯草 20g
蒲黄炭(包煎) 9g			

七诊：1 月 28 日。服药 3 剂后，出血增多，有块，自汗多，时觉心里难受，改用生脉散两救气阴，加以固冲止血。

沙　参 20g	党　参 10g	麦　冬 12g	生地黄 15g
炒北五味 9g	地　榆 12g	茜根炭 12g	仙鹤草 20g
夏枯草 10g	牡　蛎 30g	首乌藤 10g	大　枣 6 枚

八诊：1 月 31 日。又服 3 剂，出血减少，头昏，汗出，小腹略胀，纳可，脉沉缓，苔薄，色淡黄。前方去仙鹤草、大枣、牡蛎、夏枯草，加龙骨 30g，墨旱莲 24g，贯众炭 9g。

九诊：2 月 5 日。出血已止。此次出血时间 11 天，出血量不及前次二分之一。效不更法，守方继续治疗。每日加用甲地孕酮 4mg，连服 22 天停药。

十诊：3 月 1 日，入院后第 3 次行经，量不多。仅用原中药，3 月 4 日血止。以后继续中药、甲地孕酮治疗，好转出院。

按语：大凡血证，均与血热迫血妄行、气虚不摄血、血瘀新血不守有关。本例患者，肾气渐衰，冲任亏虚，月经严重紊乱长达 5 年，反复住院，经用中药、西药、激素周期疗法、支持疗法、手术刮宫等，均难控制。行经则血涌如崩，久久难尽。此次入院出血已达 25 天。曾先生按崩漏治疗原则，突出标本缓急之治和绝经前后治重脾肾。故本例 3 次出血，3 个周期，均守补脾固肾、摄血固冲之法。如用参、芪补脾益气，用菟丝子、熟地黄或鹿角片补肾固冲，对症加用止血之品，使出血时间缩短，血量减少。入院后第一二次出血，从入院的 35 天减至 10 天左右，第二次出血减少一半以上。崩漏毕竟是妇科临床的急证、重证、难证，绝经前后由于"肾 - 冲任"生殖功能自然衰减，"肾 - 脾"先后天功能的逐渐减弱，故治疗更为棘手。鉴于此期妇女崩漏治疗的目的在于缩短经期，减少出血，故在第三周期的治疗中，曾先生加用激素，中西药合用，终使出血少至 4 天。

病案二 杨某，女，12 岁，学生，南充市人。初诊：1978 年 7 月 24 日。

主诉：月经量多伴经期延长半年余。

现病史：患者 11 岁初潮，周期 8 ~ 10/28 ~ 30 天，量多，色红，质稠，从去年下半年起经量增多，站则沿腿下流，蹲则涌出如溺，每次经潮 1 ~ 4 天，卧床不敢行动，经期半月始净。本月 4 日经潮，量多如崩，5 天后仍不减，色初淡后红，质清；伴心悸，气短，心慌、汗出。乃入当地医院住院治疗，8 天后，血止出院，遂来成都求治。

刻下症：自诉心累气短，饮食乏味，眠差梦多，腰酸肢软，时有潮热，口干不思饮，大便燥结，小便黄热。望其面，面色苍白，两目无神，唇淡而干，舌淡无苔乏津，诊其脉，细数无力。

诊断：崩漏。

辨证：肾气未充，冲任失固；兼以失血日久，气阴两伤。

治则：先拟益气养阴以治标，继以补益肾气以培本。

潞党参 20g	黄 芪 20g	麦 冬 12g	五味子 10g
女贞子 15g	墨旱莲 20g	生地黄 12g	枸杞子 12g
地骨皮 15g	怀山药 30g	茯 苓 10g	甘 草 3g

复诊：8 月 1 日。服药后气短、心悸好转，眠食渐佳，潮热止。昨日经潮，今日量特多，色红，质清；伴腰酸，小腹微胀，二便正常，舌质淡，苔薄微黄，脉细数。气阴渐复，但经至量多，前法佐以固冲摄血，原方去地骨皮，加阿胶 10g，乌贼骨 15g，茜草炭 12g。

三诊：8 月 10 日。上方服 6 剂，前日经净，经期 8 天，量较上次减少，经后仍感倦怠短气，胃纳欠佳，多梦，舌质仍淡，苔白，脉细数无力。宜补益脾肾。

鹿角片 30g	熟地黄 12g	枸杞子 12g	山茱萸 10g
山　药 15g	潞党参 20g	肉苁蓉 10g	茯　苓 10g
黄　芪 20g	麦　冬 12g		

每周 4~6 剂，连服 2 周。

四诊：8 月 27 日。上方服 12 剂，精神眠食均佳，二便调，舌质已由淡渐红，苔薄，月经将潮，益脾肾、固冲任、摄血为治。

熟地黄 12g	怀山药 20g	山茱萸 15g	川续断 12g
阿胶^{（烊化冲入）} 10g	乌贼骨 15g	茜草炭 12g	黄　芪 20g
潞党参 20g			

服 4~6 剂。

五诊：9 月 7 日。8 月 31 日至 9 月 5 日经潮，经期 6 天，量中等。因返家上学，要求处方巩固。

熟地黄 12g	枸杞子 12g	山　药 18g	茯　苓 12g
山茱萸 12g	肉苁蓉 10g	续　断 12g	杜　仲 10g
菟丝子 10g	鹿角片 20g		

经潮后 1 周开始服，每周 4~6 剂，连服 2 周。

加减：若经潮量多者，去肉苁蓉、菟丝子、鹿角片，加阿胶 10g，乌贼骨 15g，女贞子 15g，墨旱莲 15g，经净即停服，仍按原法服第一方，连服 3 个周期。

1980 年 5 月，其母因公来蓉，特来我科告其女返家后，仅按法服第一方，经来正常。仍按嘱每月服 2 周，连服 3 月，现已停药半年，未见复发。

按语：本例乃青春期少女，肾气未充，封藏失固，冲任失于固摄为病之本。失血日久，气阴两伤，微觉虚热为病之标，故先予益气摄血，养阴清虚热，以冀肾阴肾阳"以平为期"。三诊气阴渐复，虚热之象已除，则补益肾气为治本之图。熟地黄、山药、枸杞子、山茱萸、麦冬滋肾阴，益精血；鹿角片、肉苁蓉温补肾阳，阳生阴长，肾气得充；参、芪、茯苓益脾气以培补后天生化之源，经潮量多去鹿角片、肉苁蓉者，恐阳药有动血之虞；加乌贼骨、茜草炭等摄血之品，乃师《内经》四乌鲗骨一蘆茹丸之意。由于根据病情分部图治，肾阴肾阳双补，先天后天并培，因而使半年来经来如崩之病得以蠲除。

病案三　患者，刘某，女，24岁，内江市工人。

主诉：产后8个月，阴道出血淋漓不净1个月。

产后8个月，患者阴道出血淋漓不净，血量少，色淡，不伴小腹疼痛，出血有时暂止，干净一两天后复又开始出血，于当地治疗效不显。现面色萎黄，脉细弱，尺脉尤沉。私下追问，其发病有房事原因。

中医诊断：崩漏。

西医诊断：功能失调性子宫出血。

辨证：房事不节，肾气虚损，冲任受损。

治法：补肾益气，固摄冲任。

方剂：五子衍宗丸加减。

菟丝子15g	枸杞子15g	覆盆子10g	山　药20g
五味子15g	沙苑子15g	芡　实15g	莲　子15g
金樱子15g	龙　骨15g		

3剂，每日1剂，水煎服。

二诊：服上方2剂血止，诉疲乏、腰酸、眠差，原方加首乌藤、太子参、白术继续服用4剂，嘱其两日1剂。

三诊：自诉服完上方4剂停药1周后，复有阴道出血，但量似月经来潮，嘱其暂不服药，观察1周后复诊。

四诊：1周后，自诉阴道出血已干净，睡眠改善，仍有疲乏、腰酸，予补肾健脾、调理冲任，五子衍宗丸合异功散加减。

按语：此例属"崩漏"，当首辨出血期还是止血后。出血期以"塞流、澄源"为主，止血后以"复旧"为主，并结合澄源。初诊时患者处于"出血期"，为房劳过度，损伤肾气，肾气虚衰，封藏失司，冲任不固，不能制约经血，故阴道出血淋漓不净，量少色淡；脉细弱，尺脉尤沉为肾气虚损之象。故以菟丝子、覆盆子温补肾气，菟丝子并有补阳益阴，阴阳双补；枸杞子滋补肝肾；沙苑子、五味子、金樱子补肾固精；龙骨增固涩之功；山药、芡实、莲子补养后天之本以养先天之本。共奏补肾益气，固冲止血之功。此后复诊患者血止，故在原方上进行加减善后。

7. 闭经

发育正常的女子，一般在 13～15 岁，月经开始来潮。若超过 16 周岁，月经尚未来潮，或月经周期已经建立后又中断 6 个月或 6 个月以上者，称为"闭经"。前者为原发性闭经，后者为继发性闭经。少女月经来潮后，此时正常、规律的月经周期尚未建立，但大部分可在一年内建立。在这个过程中，出现月经周期的异常，一般无需治疗。在停经 2～3 个月时，易与早期妊娠相混淆，应详细询问病史，并做妇科检查，以免误诊。除此之外，某些内科疾病亦可引起闭经，临证需详查。

引起闭经的原因较多。早在《内经》就有忧思抑郁，损伤心脾，以及失血过多，肝血亏损的记载。《傅青主女科》提出"经本于肾""经不出诸肾"的观点。曾先生认为除此之外，六淫、七情以及房事所伤，都能导致闭经。至于闭经的发病机理，大致可分为虚实两类。一为先天肾气不足，或后天饮食失调，思虑过度，损伤心脾，或生育过多，哺乳过久，或久病失血等损伤肝肾，使血海不盈或气血亏虚，导致冲任不盛，月经不行；一为精神过度紧张，或生活环境改变，使肝气不疏，或气机不利，血滞不行，或经期、产后、外感寒邪，内伤生冷，血为寒凝，或痰湿之邪凝滞气血，阻滞冲任，血不能下行，因而造成闭经。临证发现患者身体消瘦，精神萎靡，饮食减少，或头晕眼花，或心悸怔忡，闭经前有月经量减少，经期延后，或大病久病及长期反复失血者，多为虚证。反之则为实证。

闭经的治疗原则：虚者治在肝肾、心脾，以补血为主；实者以调气为主，佐以活血祛瘀。不宜过用攻破，以闭经本为血病，不可再伤其血。如闭经时间较长，更是虚多实少，即使本属实证，病亦每多夹虚，慎勿以通经见血为快，强用攻破之剂，导致不良后果。正如张景岳在《妇人规》中说："欲其不枯，无如养营，欲其通之，无如充之，但使雪消则春水自来，血盈则经脉自至，源泉混混，又孰有能阻之者。"这对后人治疗闭经是有指导意义的。

（1）肝肾不足证

主症：原发性闭经或继发性闭经伴有头晕耳鸣，腰膝酸软，倦怠无力，畏寒肢冷，或胁痛乳胀，口苦，颧红潮红，咽干，舌红无苔，或有薄黄苔，脉虚弦或细数。

治则：滋养肝肾，养血调经。

方药：一贯煎。沙参、麦冬、生地黄、枸杞子、当归、川楝子。

方解：沙参、麦冬、生地黄、枸杞子、当归滋养肝肾，川楝子疏肝解郁。全方滋而不腻，苦而不燥，为曾先生常用养肝肾之较好方剂。

临证加减：口苦燥者，加炒川黄连；纳少，神疲乏力，潮热甚者，加地骨皮、青蒿、鳖甲；药后阴液渐复，潮热减少者，酌加巴戟天、菟丝子、淫羊藿以调补肾阳，使阴平阳秘，则病可愈。

（2）气血两虚证

主症：先由月经后期，经量过少，经色淡，渐至经闭不行；伴见面色苍白或萎黄，精神疲倦，气短懒言，不思饮食，大便溏薄，或四肢浮肿，或心悸怔忡，健忘多梦，舌质淡，苔白腻，脉细弱。

治则：健脾养心，补气益血。

方药：归脾汤。人参、黄芪、白术、龙眼肉、当归、茯神、大枣、远志、木香、甘草。

方解：人参、黄芪、白术、甘草补脾益气；龙眼肉、当归、茯神、大枣、远志养心血；佐木香理气健脾，使补而不滞，养心健脾并至，为气血双补的方剂。除适用于气血两虚所致闭经外，还常被用来治疗心脾两虚所致的月经不调、量多、崩漏等病。

临证加减：药后气血渐充，诸症减，而经仍未行者，酌加红泽兰、益母草、川芎、山楂等活血通经药。

（3）气滞血瘀证

主症：经闭不行，或有小腹坠胀感，自觉经欲行；精神忧郁，或烦躁易怒，或胸胁胀闷，或乳房胀痛，或小腹疼痛拒按，舌质正常或紫暗，或舌有瘀点，脉弦涩。

治则：理气行滞，活血祛瘀。

方药：通瘀煎。当归尾、红花、香附、乌药、青皮、木香、生山楂、泽泻。

临证加减：血瘀为主者，去青皮、木香，加川芎、桃仁、丹参、泽兰；小腹冷痛者，加吴茱萸、桂心、延胡索，或加失笑散。

（4）痰湿阻滞证

主症：闭经，胸闷脘满，或有恶心，或呕吐痰涎，或形体肥胖而倦怠嗜睡，带下黏稠，舌质白腻，脉缓滑。

治则：化痰行气，佐以养血活血。

方药：苍附导痰丸加当归、川芎。苍术、香附、陈皮、茯苓、南星、半夏、枳壳、甘草、生姜、当归、川芎。

方解：苍术、南星、茯苓、半夏健脾燥湿豁痰；陈皮、枳壳、香附理气行气，气行则痰行；生姜、甘草和中止呕；加当归、川芎养血活血。

典型验案举例

病案一　张某，女，39 岁，$G_4P_1^{+3}$，小学教师。首诊：1996 年 3 月 3 日。

主诉：停经 9 个月余。

14 年前产后大出血（约 3000mL，输血 2700mL），住院 1 个月，出院 4 个月后月经来潮，以后又连续受孕，多次人流后月经逐渐减少，每月用卫生巾 2 ~ 3 片。去年 6 月，月经未来，时有腰酸，小腹胀痛，如月经将来，余无特殊不适，舌质红，苔少，脉细沉有力。

诊断：闭经。

辨证：肾气不足，冲任早衰。

治法：益肾气，调气血。

方剂：杞菊地黄丸加减。

熟地黄 12g	山茱萸 12g	山　药 15g	枸杞子 15g
菟丝子 13g	杜　仲 15g	香　附 15g	台　乌 15g
莪　术 12g	续　断 15g	甘　草 3g	

3 剂，日 1 剂，水煎两次温服。

二诊：1996 年 3 月 9 日。停经 9 个月（由逐渐减少而经停），时有心烦易怒，烘热，纳眠可，舌质红，苔少有津，脉细弦。肾虚肝郁，冲任早衰，拟滋肾调肝，予滋水清肝饮加减。

干地黄 15g	山茱萸 12g	山　药 15g	茯　苓 12g
牡丹皮 12g	泽　泻 12g	当归身 15g	柴　胡 15g
白　芍 15g	白　术 15g	荆　芥 12g	菟丝子 12g
杜　仲 15g	茜　根 15g	地骨皮 12g	

6 剂，日 1 剂，水煎两次温服。

三诊：1996 年 3 月 25 日。服药后于 3 月 15 月经来潮，色量正常，未见特殊不适，舌质红，苔少，脉细缓。系肾气仍弱，拟补肾气调气血为治，予肾气丸加减。

熟地黄 15g	山茱萸 12g	怀山药 15g	菟丝子 15g
桑寄生 15g	续　断 15g	仙　茅 15g	杜　仲 15g
归　身 15g	酒白芍 15g	川　芎 15g	怀牛膝 15g

5 剂，日 1 剂，水煎两次温服。

按语： 闭经分虚实两端，虚者血海空虚，无血可下；实者邪阻脉道，经血不得下行。此例系产后失血过多，冲任失养，血海空虚，后频繁刮宫，损伤胞宫，月经量减少，久则血海不得满溢，而致闭经，治之以填肾精，补血气以养冲任胞宫；阴精亏虚，肾水不得上滋心火则虚火妄动，而见心烦易怒、烘热。肝肾同源，肾虚肝郁，故用滋肾调肝为治，待肾气渐复，月经来潮，则予原法调理，以期巩固。

病案二　沈某，女，成人。

因闭经 10 月而于 1988 年 9 月书信求治，舌脉兼症皆不详。唯信中告知偶有发作的支气管哮喘，于经停之后发作频繁。已用"秘补肾防喘片""克喘索"治疗，曾先生分析该例上有喘促，下不行经。虽表现互不相干，但肾虚则是病根。肾不纳气，气上逆则喘促频作；肾失充养，冲任亏虚故月事停闭。但因喘证为甚，遂先投补肾平喘之药。患者得方服用 2 剂时，疗效之显著，完全停用了其他药物。续服 2 剂，自觉效不如前，便停药。于 10 月 10 日复信索方。曾先生仔细分析疗效，谓肾虚之病，多系久病，非朝夕能痊愈，此其常也。然此次发病，系经闭先发而喘促后作，似有下不通而上外遇之象，诸药平喘疗效不稳，乃先经病而后他病，当经病他病同治。于是在原方基础上加入补肾益冲之品。

| 熟地黄 12g | 怀山药 18g | 山茱萸 10g | 补骨脂 12g |
| 淫羊藿 12g | 紫石英 15g | 胡桃肉 15g | 沉　香 6g |

每周 4 ～ 6 剂。

患者于 11 月开始服药，1 周后月经来潮，唯经期仅 2 天，经量偏少。之后继续服用 4 剂。待 11 月 20 日写信之时，告之近 20 日喘累已无，气候变化亦未发喘促。曾先生嘱其守方服用。书信随访，喘不再发，月经逐月复常。

按语： 本例闭经近 1 年。闭经后旧病复发，喘促频繁。按喘证急则先治喘而

疗效不稳，改用经病喘症同治则获效。经通而喘平，耐人寻味。闭经病因多责之
于肝脾肾三脏，但以肾虚为主因，正如《傅青主女科》云："经水出诸肾。"肾为
气之根，与肺同司气体之出纳，故肾元不固，摄纳失常则气不归原，阴阳不相接
续，气逆于肺而为喘。闭经治疗原则之一为因经闭而致他病者，当或先治经闭，
或经闭他病同治。

8. 痛经

妇女正值经期或行经前后，出现周期性小腹疼痛或痛引腰骶，甚则剧痛至昏
厥者，称为"痛经"，亦称"经行腹痛"。若月经初潮后不久即发病者，称为"原
发性痛经"；在育龄期发病者，称为"继发性痛经"。

痛经的发生有情志所伤、起居不慎及六淫为害等不同原因，并与体质因素及
经期、经期前后冲任、胞宫气血的周期性生理变化密切相关。其发病机理在于邪
气内伏或精血素亏，于经期或经期前后受到致病因素的影响，导致冲任、胞宫气
血运行不畅，"不通则痛"；或冲任、胞宫失于濡养，"不荣而痛"。然何以疼痛伴
随月经周期发作？经净疼痛又常能自消？这是认识痛经病机的关键所在。

痛经的周期性发作，主要是与经期、经期前后冲任、胞宫气血周期性变化有
关。未行经期间，冲任气血平和，致病因素尚不足以引起冲任、胞宫气血瘀滞或
不足，故平时不发生疼痛。经期、经期前后，冲任气血较平时变化急骤（血海由
满而盈，由盈而溢，由溢而虚），极易受致病因素及体质因素影响。邪气内伏者，
于经前或经期邪与气血搏结，致使冲任、胞宫气血运行不畅，而"不通则痛"，
经净血海空虚，邪气无以搏结，瘀滞暂除，疼痛自消；精血素亏者，于经期或经
后，血海溢泻，冲任气血益虚，冲任、胞宫失于濡养，则"不荣而痛"，经净后
冲任、胞宫气血渐复则疼痛自止。若病因未除，则下次经潮疼痛再次发生。本病
病位在胞宫、冲任，变化在气血。

气滞血瘀：素多抑郁，或恚怒伤肝，肝气怫郁，疏泄失司，气机郁滞，血行
不畅，使冲任胞脉瘀阻。经前、经期气血下注冲任，胞脉气血更加壅滞，"不通
则痛"，发为痛经。所谓"经前疼痛无非厥阴气滞，络脉不疏"（《沈氏女科辑要
笺正·辨色及痛》）便是指此。若经期虽无明显情志诱因，但因肝气素郁，以致
"经欲行而肝不应，则拂其气而痛生"（《傅青主女科·调经·经水来腹先痛》）。
《丹溪心法·妇人》云："经水将来作痛者，血实也，一云气滞……临行时腰疼腹

痛，乃是郁滞，有瘀血。”

寒凝胞中：多因经期冒雨涉水、游泳，或经水临行贪食生冷，内伤于寒，或过于贪凉，或久居湿地，外伤风冷寒湿，寒湿客于冲任、胞中，以致冲任瘀阻，气血凝滞不畅。经前、经期气血下注冲任，胞脉气血更加壅滞而不畅，“不通则痛”，故致经行腹痛。也有因素禀阳虚，冲任虚寒，致使经水运行迟滞而痛。如《校注妇人良方·调经门》：“妇人经来腹痛，由风冷客于胞络、冲任。”《傅青主女科·调经·经水将来脐下先疼痛》云：“夫寒湿乃邪气也，妇人有冲任之脉，居于下焦……经水由二经而外出，而寒湿满二经而内乱，两相争而作疼痛。”

湿热下注：宿有湿热内蕴，流注冲任，阻滞气血；或经期、产后（包括堕胎、小产）感受湿热之邪，稽留于冲任，或蕴结于胞中，湿热与血搏结，瘀阻冲任，气血不畅。经前、经期气血下注冲任，胞脉气血更加壅滞，“不通则痛”。

气血虚弱：素体虚弱，气血不足，或脾胃素弱，化源不足，或大病久病，耗伤气血，致使冲任气血虚少，经后冲任气血更虚，胞脉失于濡养；兼之气虚运血无力，血行迟滞，因而发为痛经。如《陈素庵妇科补解·调经门卷之一》：“妇人经行后腹痛者，是气血两虚也。”

肝肾虚损：禀赋素弱，肝肾本虚，或房劳多产，或久病虚损，损及肝肾，精亏血少，冲任不足。行经之后，精血更虚，冲任胞宫失于荣濡，“不荣则痛”，发为痛经。《傅青主女科·调经》：“妇人有少腹疼于行经之后者，人以为气血之虚也，谁知是肾气之涸乎！”

以上说明，痛经发病有虚有实，虚者多责之肝肾之虚，实者多责之寒、热、湿之侵；实者疼痛多发生在临行之际，因此时血海气实血盛，易生瘀滞，若此时因气郁，或寒、热、湿邪干扰血海经血，以致血滞作痛。经水溢泻，瘀滞随之而减，故经后疼痛常能自消。但湿热痛经常因湿热缠绵留连，故平时亦可作痛，逢经期而加重。虚者疼痛多发生在经将净之时，因此时血海正虚，胞脉更失濡养之故。经后血海气血渐复，疼痛亦渐消减。若虚未能得到补足则遇经期而痛复发。由于妇女本不足于血，即或因实证为痛，亦常兼不足，如肝郁血虚、肝郁脾虚、肝郁肾虚等均是临床常见的虚实夹杂的痛经证。又如气血本虚，血少不畅，运行迟滞，便是虚中夹实的痛经证。所以痛经“夹虚者多，全实者少”。

痛经患者在未行经期间，致病因素虽或存在，但由于冲任气血比之经期较为平和，病因常不足以引起冲任气血瘀滞或亏虚，故平时不见小腹疼痛，而在经期或经期前后，由于血海泻溢而暂虚，气血变化较大，此时若感病邪或潜在病因与气血相干，则致冲任、胞宫气血运行不畅，或失于濡养而发生以疼痛为主症的虚实不同的痛经证。

痛经辨证首先当识别痛证的属性，根据疼痛发生的时间、性质、部位以及疼痛的程度，结合月经的期、量、色、质、兼证、舌、脉及患者的素体情况等辨其寒热虚实。辨痛须结合月经情况以审虚实；辨痛须结合兼证以审痛的程度；辨痛须参考素体情况；辨疼痛部位以查在气在血，属肝属肾；辨疼痛性质以究其寒热虚实，在气在血。

上述辨证，一项不足为凭，须全面合参，方能认清证的属性。如痛在经前，呈灼痛、拒按，不喜热，经色红而稠，或夹血块，素性急躁易怒、脉弦、苔黄，则属实、属热、属瘀，为肝郁化热所致。正如《景岳全书·妇人规·经期腹痛》所云："大都可按可揉者为虚，拒按拒揉者为实，有滞无滞，于此可察。但实中有虚，虚中亦有实。此当于形气禀质兼而辨之""即如以可按拒按及经前经后辨虚实，固其大法也。然有气血本虚而血未得行者，亦每拒按，故于经前亦常有此证，此以气虚血滞无力流通而然。"指出辨证应进行全面分析，才能抓住疾病的本质。

痛经的论治原则以调理冲任气血为主，又须根据不同证候，或行气，或活血，或散寒，或清热，或补虚，或泻实。治法分两步，经期调血止痛治标，平时辨证求因治本，并结合素体情况，或调肝，或益肾，或扶脾，使气血流通，经血畅行。经期治标常选择相应的止痛药配于方中以助止痛，如寒者选用艾叶、小茴香、炮姜、肉桂、台乌、吴茱萸等温经止痛药；气郁者，可选香附、川楝子、延胡索、姜黄、木香、枳壳、槟榔等行气止痛药；瘀者，选以川芎、乳香、没药、血竭、三七、延胡索、蒲黄、桃仁、五灵脂等活血止痛药；热者，可用川楝子、赤芍等清热止痛药。

（1）气滞血瘀证

主症：每于经前或经期小腹或少腹胀痛，拒按，经血量少或行经不畅，经色紫暗有块，血块排出疼痛可减，经净后疼痛自消；常伴见胸胁、乳房作胀，舌质暗或见瘀点，脉弦或弦涩。

治则：行气活血，化瘀止痛。

方药：通瘀煎。当归尾、红花、香附、乌药、青皮、木香、生山楂、泽泻。

方解：香附、乌药、青皮、木香理气行滞，当归尾、红花、生山楂活血祛瘀，泽泻通肾气，佐诸药以增强活血之效，宜于气滞血瘀中气滞者。

临证加减：胸胁胀痛者，加郁金、川楝；乳中作胀者，加白芷、丝瓜络；乳房胀痛，扪之有块者，再加全瓜蒌、浙贝母、夏枯草；痛甚者，加川芎、蒲黄、五灵脂。

（2）寒湿证

主症：经前数日或经期小腹冷痛，得热痛减，按之痛甚，经行量少，经色暗黑有块；或有畏冷身痛，苔白腻，脉沉紧。

治则：散寒燥湿，温通血脉。

方药：少腹逐瘀汤加味。小茴香、炮姜、延胡索、没药、当归、川芎、桂心、赤芍、生蒲黄、五灵脂、苍术。

方解：小茴香、炮姜、桂心、苍术散寒燥湿，当归、川芎、赤芍活血调经，延胡索理气止痛，没药、蒲黄、五灵脂祛瘀止痛。

临证加减：气滞偏盛，胀胜于痛者，加香附、乌药；血瘀偏盛，痛胜于胀者，加桃仁、红花，兼气血虚弱者，去五灵脂，加党参、熟地黄；腰酸者加杜仲、枸杞子。

（3）湿热证

主症：经前、经期小腹灼痛，拒按，或痛连腰骶，或平时小腹部时痛，经前疼痛加剧，经色暗红，质稠或有块，可伴有经量多或经期长，平时带下色黄或有秽臭；时或低热起伏，小便短黄，舌红，苔黄腻，脉弦数或濡数。

治则：清热利湿，祛瘀止痛。

方药：芩连四物汤去生地黄，加黄柏、木通、前仁、牡丹皮、香附，合失笑散。

方解：黄芩、黄连、黄柏清热燥湿，木通、前仁淡渗利湿，当归、川芎、赤芍及失笑散活血祛瘀止痛，牡丹皮凉血活血，香附理气行滞。痛在小腹两侧者，酌加炒川楝子、荔枝核；大便干燥者，加大黄。

（4）气血虚弱证

主症：经净后或经期小腹隐隐作痛，喜揉喜按，月经量少，色淡，质薄；神疲乏力，面色无华，或食欲不振，舌质淡，苔薄白，脉细弱。

治则：补气养血，和中止痛。

方药：参芪四物汤。

方解：四物汤养血调经，人参、黄芪补气生血。

临证加减：喜热者，加小茴香、艾叶、桂心；小腹胀者，加香附、乌药；腰酸者，加巴戟天、杜仲；血虚者，加阿胶、艾叶。

（5）肝肾两虚证

主症：经期或经后一二日内小腹绵绵作痛，喜按，经色暗淡，月经量少，质薄；头晕耳鸣，眼花，腰骶酸痛，小腹空坠不温，或潮热，苔薄白或薄黄，脉细弱，或沉细。

治则：益肾养肝止痛。

方药：调肝汤。当归、白芍、山茱萸、巴戟、阿胶、山药、甘草。

方解：当归、白芍养血柔肝，山茱萸益精气、养肝肾，巴戟天温肾益冲任，阿胶滋阴养血，山药健脾补中，甘草和中。全方补肾益精，养血健脾，以调达肝气而见功。

临证加减：腰骶痛甚者，加杜仲、续断；小腹两侧痛者，加荔枝核、橘核；两胁胀痛者，加青皮、川楝子；潮热、眩晕者，加青蒿、鳖甲、地骨皮。

此外，子宫发育不良所致的痛经，多由于肾气不足，冲任通盛失调所致，但在经期由于经血排出不畅，常呈现气滞血瘀症状，可用通瘀煎或少腹逐瘀汤加减。经后调理，可用调肝汤加肉苁蓉、菟丝子、仙茅、淫羊藿、覆盆子、紫河车等，促使精血足，肾气充，经血流通，则经痛可愈。

典型验案举例

病案一　吴某，女，21 岁。初诊：1998 年 3 月 9 日。

主诉：经行小腹疼痛 2 年。

现病史：患者近 2 年来出现经行小腹疼痛，多在经行第 2 日小腹疼痛严重，热敷后稍有好转，并诉有肉片状组织随月经血及血块排出，末次月经为 2 月 14 日，经量偏少，经前感乳房胀痛，并伴腰酸。平素畏寒，性急易怒，舌质淡红，苔薄黄，脉沉紧。

诊断：痛经。

辨证：阳虚寒凝，气滞血瘀。

治法：现值经行第二日，治以温肾助阳、行气活血、化瘀止痛。

方剂：艾附暖宫丸合少腹逐瘀汤加减。

当　归10g	赤　芍10g	制香附10g	艾　叶5g
肉　桂5g	川　断10g	益母草15g	莪　术10g
五灵脂15g	元　胡10g	补骨脂10g	没　药5g

5剂，每日1剂，水煎服。并嘱其经净后复诊。

二诊：3月20日。诉上次服药4剂后经行，经期续服上方，经量增多，腹痛减轻，血块明显减少，少许膜样碎片随经血排出。考虑目前患者月经已干净，治宜益肾养肝，予调肝汤加减内服。

巴戟天10g	白　芍15g	山茱萸10g	山　药15g
当　归10g	川　断10g	菟丝子15g	淫羊藿10g
合欢皮10g	莪　术10g	橘　核15g	

5剂，两日1剂，水煎服。

每值经前，均治以温肾助阳、行气活血、化瘀止痛，给予艾附暖宫丸加减，平时予温肾疏肝之法治疗，如此治疗4个周期，其后月经来潮时的小腹疼痛明显减轻，所夹内膜组织物逐渐消失，最终痊愈。

按语：痛经的主要病机分为虚实两个方面。实者为气血不通，瘀阻胞宫、胞脉、胞络，不通则痛。此例患者类似膜样痛经。膜样痛经是指子宫内膜整块排出时，子宫收缩增强或不协调收缩所引起的痛经。患者胞宫空虚，阳气不足，内生寒邪，血遇寒则凝，血行不畅，故月经量偏少、色暗有血块；阳虚失于温化，故子宫内膜大片排出；小腹疼痛，喜温，脉沉紧乃阳虚寒凝之征。故予艾附暖宫丸合少腹逐瘀汤加减以温经散寒，化瘀止痛。经后血去正虚，故予调肝汤以益肾养肝，调理冲任，最终痛经治愈。

病案二　曹某，女，19岁，未婚。初诊：1976年3月16日。

主诉：经行腹痛5年。

现病史：患者既往月经规则，月经周期5～6/27～32天，经量中等，色暗，夹血块，每次经行均有下腹剧痛，一般持续 1～2 天，块下痛减，有时排出膜样组织，伴恶心呕吐，肛门坠胀，甚至昏厥。末次月经为 1976 年 3 月 16 日。就诊当日月经来潮，小腹疼痛明显，心烦易怒，舌边有瘀点，脉弦滑。

中医诊断：痛经。

辨证：气滞血瘀，胞宫瘀阻。

治法：活血化瘀，理气止痛。

方剂：膈下逐瘀汤加减。

延胡索 10g	当　归 10g	牡丹皮 10g	桃　仁 10g
赤　芍 15g	乌　药 15g	香　附 15g	枳　壳 10g
川　芎 5g	五灵脂 10g	吴茱萸 5g	甘　草 5g

3 剂，每天 1 剂，水煎服，并嘱其下月月经之前就诊。

二诊：4 月 8 日。诉其上月经期服药后腹痛稍有减轻，此次经前复来求药，再投之予上方 4 剂。嘱其调情志，避风寒，慎生冷，下次经前再次复诊。

三诊：5 月 6 日。患者自诉上月服药后痛经已很轻微，血色暗红，仍有血块，已无膜样组织，并伴有腰酸、疲乏等，故在原方基础上加党参 15g，续断 15g，再投 4 剂，后随诊，痛经消失。

按语：本病由于气滞血瘀，瘀阻胞宫冲任，不通则痛。临床主要表现为经期或经前下腹疼痛。治以活血化瘀，理气止痛。用方选择膈下逐瘀汤。当归、川芎、赤芍药、桃仁、红花、枳壳、延胡索、五灵脂、牡丹皮、乌药、生蒲黄、制香附。膜样痛经者，加血竭、三棱、没药；痛甚呕吐者，为肝气夹冲气犯胃，加吴茱萸、法半夏、陈皮和胃降逆；若有热象者，加川楝子。本方治疗气滞血瘀型原发性痛经疗效显著。

本案此为痛经之实证，"不通则痛"，遵"血实者宜决之"，以活血化瘀为主。方中当归、川芎、桃仁、赤芍活血化瘀，乌药、香附、枳壳理气行滞，延胡索、五灵脂化瘀定痛，牡丹皮凉血活血，吴茱萸和胃降逆，甘草缓急止痛、调和诸药，气顺血调则疼痛自止。患者经期小腹剧痛，心烦易怒，脉弦滑，此为肝失调达，气血郁滞之象，故在用药的同时，嘱其调情志。痛经一般遵循"未痛防痛，既痛止痛"的原则，强调治疗的时机，采用先期服药法，在痛经发作前提前用药，以疏通气机，畅达经血。因此，病迁延日久，证候转虚，出现腰酸、疲乏等伴随症状，故仍不忘治其瘀，本虚标实，当标本兼治，加党参、续断扶正化瘀，使瘀阻消，胞脉畅，而疼痛消失。

9. 经行头痛

每逢经期或经行前后出现以头痛为主要症状，经后辄止的病证，称"经行头痛"。本病为临床常见病证之一，每可因精神因素而诱发本病，严重影响妇女身体健康和工作学习。此病属现代医学"经前期紧张综合征"的范畴。

关于经行头痛，《张氏医通》有"经行辄头痛"的记载。其病因历代医家对此论述较少，仅张璐认为是由于"痰湿为患"所引起，并以二陈加当归、炮姜、肉桂治之。现代医家根据本病的特点，认为与"肝"有密切关系。曾先生认为经行头痛当属内伤性头痛范畴，其发病与月经密切相关。头为诸阳之会，五脏六腑之气血皆上荣于头，而足厥阴肝经上颠络脑。肝为藏血之脏，经行时气血下注冲任而为月经。若素体血气不足，或情怀不畅，肝失条达，或经行失于调摄，血气益虚或血行不畅，则会头痛。然本病虽有血虚、肝火、血瘀等不同，治疗均以调理气血、通经活络为主。还当根据疼痛的时间、性质辨虚实，根据部位辨所属脏腑经络。一般经前为实，痛势较剧；经后为虚，痛势较缓。掣痛、胀痛为实；空痛、隐痛为虚。头痛部位，前额属阳明，后头属太阳，两侧属少阳，颠顶属厥阴。

（1）血虚证

主症：经期或经后头痛，头晕，经行量少色淡；心悸少寐，神疲乏力，舌淡苔薄，脉虚细。

治则：益气养血，通络止痛。

方药：八珍汤加枸杞子、首乌、鸡血藤。

方解：当归、川芎、白芍养血和血；熟地黄、首乌、枸杞子养肝血，滋肾精；人参、白术、炙甘草益气健脾生血；茯苓宁心安神；鸡血藤养血通络；蔓荆子清利头目止痛。全方养血益气，通络止痛。

（2）肝郁证

主症：经前或经行头痛，痛在两侧，甚或颠顶掣痛，头晕目眩，目胀；烦躁易怒，口苦咽干，舌质红，苔薄黄，脉弦细数。

治则：育阴潜阳，平肝止痛。

方药：杞菊地黄丸加苦丁茶、夏枯草、白蒺藜。

方解：六味地黄丸滋肾养肝；枸杞子、菊花养血平肝；加苦丁茶、夏枯草、白蒺藜以助清肝息风之力，使肝肾得养，肝火平息，则头痛自除。

（3）血瘀证

主症：经前或经行头痛剧烈宛如锥刺，痛有定处，病程日久，经色紫暗有块，伴小腹疼痛拒按；胸闷作胀，舌质暗或边尖有瘀点，脉细涩或弦涩。

治则：调气活血，化瘀通络。

方药：通窍活血汤。赤芍、川芎、桃仁、红花、老葱、麝香、生姜、大枣。

方解：赤芍、川芎、桃仁、红花入血分，以行血通瘀；老葱、麝香香窜以通络上下，气通则血活；姜、枣调和营卫，使瘀去血生，经络宣通，清空得养，则头痛自止。

典型验案举例

病案一 李某，女，43岁，$G_5P_1^{+4}$。初诊：1998年5月6日。

主诉：经期头痛3年。

现病史：平素月经量少，色鲜红，时有少量血块，经期无不适。近3年始经前一天至经期出现头痛、头晕，重时伴恶心、呕吐、乏力，不能正常工作，需卧床休息。曾于外院治疗症状好转（具体不详），停药后症状反复。平素腰酸、乏力，饮食、睡眠尚可，二便调。面色淡白无华，舌质淡暗，苔薄白，脉沉弱无力。

中医诊断：经行头痛。

辨证：血虚型。

治法：健脾养血止痛。

熟地黄 20g	当 归 20g	白 芍 20g	川 芎 10g
菟丝子 25g	党 参 20g	茯 苓 15g	砂仁^(后下)15g
白 术 20g	鸡血藤 20g	枸杞子 20g	蔓荆子 15g
炙甘草 10g			

5剂，每日2次，2日1剂，水煎，经前半月开始服用，经期继服。

二诊：经前头痛减轻，月经量未见增多，色质同前，略有头晕，无恶心、呕吐，仍觉乏力、腰酸，饮食、睡眠可。上方去蔓荆子，加杜仲20g，续断15g，以补肝肾、强筋骨，用于治疗腰酸。5剂，经前半月开始服用。

三诊：经前头痛、头晕症状消失，月经量稍有改善，亦无腰酸、乏力。舌质淡暗，苔薄白，脉沉细。遂继服上方，巩固疗效。

按语： 经行头痛随月经周期而作，必与冲脉之盈亏有关。每当阴血下行冲脉之际，则不能上承荣脑而致头痛不已，故治疗不能一概投治以肝。本病例患者平素腰酸、乏力、排便无力，近两年月经量减少，经前一天至经期出现头痛、头晕，面色淡白无华，舌质淡暗、苔薄白、脉沉弱无力，四诊合参，证属血虚型经行头痛。血虚则血海空虚，脑失所养，遂致头痛；血虚冲任不足，无血可下，遂致经量减少。正如《张氏医通》所云："每遇经行头辄痛，此气虚血弱也。"故以益气养血为基本法则，用八珍汤加味治疗，使气旺血充，精血充盛，则经行时既有阴血下注冲任，月经之血充盛；又有精血上荣于脑，以养脑窍，则经行头痛之疾自除。该患同时伴腰膝酸软等肾虚症状，故加菟丝子、鹿角霜、鸡血藤、枸杞子以养肝血、滋肾精，加姜半夏、竹茹降逆止呕治疗恶心、呕吐，加肉苁蓉润肠通便治疗大便不畅。药证相符，即见疗效。

病案二 王某，女，28岁。初诊：1997年4月13日。

主诉：经行头痛半年。

现病史：患者经行头痛，经来即开始，痛甚时呕吐，经后则止。经行时量少色黑，夹有血块，伴经来腹痛。曾服中成药（具体不详），效不显。平时月经周期不准。妇检：子宫后位。脉弦细涩。

诊断：经行头痛。

辨证：瘀血阻滞，脉络不通，不通则痛。

治法：活血化瘀，通络止痛。

方剂：通窍活血汤加减。

归 身 12g	赤 芍 10g	川 芎 15g	桃 仁 10g
红 花 10g	僵 蚕 10g	钩 藤 15g	首乌藤 15g
法半夏 10g	吴茱萸 6g	生 姜 3片	

共6剂，水煎服，每日1剂，每日3次。

二诊：5月6日。此次月经复来，头痛明显减轻，月经色转红，血块减少，仍有小血块，伴轻微小腹胀痛。舌质偏暗，苔薄。两手尺脉细涩，不耐重按，此为肾气素弱，经行时失于推动，故血瘀内停，不通则痛。结合平时月经周期不准，拟继用原治法上加以补肾调经以运血行。

归　身 12g　　　酒白芍 10g　　　熟地黄 10g　　　川　芎 15g

枸杞子 15g　　　覆盆子 15g　　　桃　仁 12g　　　台　乌 10g

香　附 12g

共 7 剂，水煎服，每日 1 剂，每日 3 次。

三诊：7 月 6 日。此次以"带下病"前来就诊，然问及经行头痛，患者自诉经服前药治疗后头痛已消失，下次月经来时已无头痛情况出现。

按语： 经行以气血通畅为顺，气顺血和，自无头痛之疾。本病乃每逢经期或经行前后出现以头痛为主要症状的病证，属内伤性头痛范畴。究其发作，与月经密切相关，主要素有瘀血之弊，经前经期随冲气上逆，邪气上扰清窍而致痛，属不通则痛。头为诸阳之会，因瘀血内停，脉络不通，阻塞清窍，则每逢经行瘀随血动，欲行不得，故头痛剧烈，痛有定处。血行不畅，瘀阻于胞宫，则经色暗黑，伴小腹疼痛；脉弦细涩，亦为气血运行不畅之象。故以归身、赤芍、川芎、桃仁、红花直入血分，以行血中之滞，化瘀通络；僵蚕、钩藤、首乌藤祛风通络以止痛；再加法半夏、吴茱萸、生姜三味和胃降逆以止呕。患者平素月经周期不准，且二诊时脉象为两尺细涩，不耐重按，乃肾虚血瘀之象，故仍用归身、川芎、桃仁加台乌、香附化瘀通络止痛，体现了《金匮要略》中"治头风久病，需加芎、芍、红花少许，非独治风，兼活血止痛也"的头痛治疗法则，另加熟地黄、枸杞子、覆盆子补肾调经以运血行，故均可使气血畅而头部脉络疏达则头痛自除。

10. 经断前后诸症

妇女一般在"七七"之年，月经终止，称为"绝经"或"经断"。此时肾气渐衰，天癸将竭，冲任脉虚，生殖功能逐渐减退乃至丧失，脏腑功能逐渐衰退，机体阴阳失于平衡，使得部分妇女在"绝经"前后伴随一系列的症状和体征，如月经紊乱、眩晕耳鸣、烘热汗出、面红潮热、烦躁易怒、或面目肢体浮肿、尿频失禁、腰膝酸软、肢冷便溏等症状，称为"经断前后诸症"。本病在古代医籍无单独记载，但其症状常散见在"年老血崩""年老经断复来""脏躁""百合病"

等病证中。该病临床并不罕见，于20世纪60年代开始，在教材中就有讨论，现代妇科专著如《哈荔田妇科医案医话选》《裘笑梅妇科临床经验选》《百灵妇科》等均有专篇论述。

曾先生认为绝经前后诸症以肾虚为致病之本，临床分类有肾阴虚、肾阳虚及肾阴阳两虚，且常伴有肝、脾、心三脏功能失调，其治法以补肾为先，分辨其为阴虚、阳虚或阴阳两虚，以及兼肝、兼脾、兼心，随证施治。

（1）肾阳虚证

主症：月经过多、崩漏或闭经，色淡，质清稀；腰膝酸软，面色晦暗，精神萎靡，体倦无力，口淡无味，面目肢体（尤以下肢）浮肿，形寒肢冷，便溏，尿频失禁，舌淡苔薄，脉沉细无力。

治则：温补肾阳。

方剂：右归丸去附子，加巴戟天、淫羊藿、益智仁。

临证加减：如脾肾阳虚，兼见浮肿、纳呆、或经行泄泻者，宜温肾健脾，酌加党参、白术、薏苡仁。如兼见颧红、潮热、盗汗、心烦、失眠、咽干口燥等阴虚证候者，为肾阴阳两虚，用二仙汤（仙茅，淫羊藿、当归、巴戟天各10g，知母、黄柏各5g）。方中仙茅、淫羊藿、巴戟天温补肾阳，黄柏、知母泻火滋阴，当归养血。全方以温肾壮阳药与滋阴泻火药同用，以解除阴阳俱虚于下，而虚火亢盛于上的证候。

（2）肾阴虚证

主症：月经推迟、稀发、量少，甚或闭经；平时带下少，阴道干涩。头晕耳鸣，失眠多梦，皮肤瘙痒或如虫行，烘热汗出，五心烦热，腰膝酸软，舌红少苔，脉细数。

治则：滋肾益阴。

方药：六味地黄丸加女贞子、墨旱莲、制首乌。

临证加减：如肾阴亏损，水不涵木，使肝阴亦虚，肝阳偏亢，阳失潜藏，兼见眩晕耳鸣、两目干涩、视物模糊、性急易怒、或四肢麻木、震颤、皮肤有异常感觉、脉弦而数者，宜滋阴柔肝潜阳，六味地黄丸加枸杞子、菊花、当归、白芍、珍珠母、石决明、生龙骨、生牡蛎等；兼见胁痛口苦者，再加川楝子以舒达肝气。如肾阴虚不能上济心火，则心阴亏损，兼见心悸怔忡、健忘、失眠多梦者，宜滋肾阴，泻心火，宁心安神，可用六味地黄汤加黄连、酸枣仁、远志、柏子仁；兼见精神异常，悲伤欲哭者，则六味地黄汤与甘麦大枣汤合用。

典型验案举例

病案一　曾某，女，49岁，农民，住资中龙山乡。初诊：1964年5月21日。

主诉：自觉发热5年。

现病史：1959年开始出现阵阵冲热，诸药不显。伴头汗出，发热时面色潮红，头晕，心烦易怒，腰痛如折，平素夜梦多，眠差，口苦，饮食正常，二便正常。1958年5月曾暴崩一次，经治疗血止，此后月经未再来潮，舌质胖嫩，苔少，脉沉尺弱。

诊断：绝经前后诸症，围绝经期综合征。

辨证：肾阴不足，冲任虚衰。

治法：益精血，补冲任。

方剂：龟鹿二仙丸加减。

鹿角片 10g	龟　甲 15g	党　参 15g	枸杞子 15g
续　断 15g	山　药 18g	牡　蛎 15g	百　合 15g
白　薇 15g	地骨皮 15g		

共5剂，每日1剂，服3次。

二诊：5月28日。患者诉服药后烘热汗出症状明显减轻，再服原方加减以巩固疗效。经上方调理1月余，症状基本消失。

按语：中医学认为经断前后诸症是由于肾气渐衰，冲任失调，脏腑功能失调，阴阳失去平衡所致。因此，治疗本病关键在于补肾，并调节肾中阴阳。该患者已届"七七"之年，肾阴不足，天癸已竭，月经停，精血两亏，冲任虚弱。肾阴日衰，阴虚不能上荣于头，故头晕；阴不维阳，虚阳上越，故头面烘热汗出；肾虚则腰痛如折；肾水不足以涵养肝木，肝肾阴虚，肝阳上亢，故口苦、心烦易怒，不能上济于心，心肾不交，故失眠多梦；肾藏元阴而寓元阳，阴损及阳，舌、脉俱为肾阴阳两虚之象。故予龟鹿二仙丸双补阴阳。

病案二　李某，女，49岁，干部。初诊：1982年10月9日。

现病史：患者平素月经量多如注，周期尚准，一周方净，经妇科检查无异常。末次月经：9月21日。3年前即感到烦躁不安，情绪波动，头时胀痛。近月来诸症渐重，就诊时烦躁颇甚，阵阵烘热，头晕头疼，心悸失眠，周身不适，坐卧不安，纳呆，大便不成形，舌质淡红苔薄黄，脉沉弦细。

诊断：绝经前后诸症，围绝经期综合征。

辨证：心脾两虚，肝肾不足。

治法：宁心健脾，滋养肝肾。

方剂：归脾汤加减。

党　参 10g	炒白术 15g	茯　苓 12g	远　志 5g
白蒺藜 10g	夏枯草 15g	首乌藤 15g	归　身 10g
炒酸枣仁 15g	浮小麦 30g	牡丹皮 10g	牡　蛎 20g
女贞子 15g	墨旱莲 15g		

连服 10 剂。

服药后诸症减轻，睡眠改善，经量减少，续服 20 余剂而获愈，随访半年，上述症状未再出现。

按语：患者年届七七，病属经断前后诸症，本例患者部分症状与脏躁相类似，如烦躁不安，情绪波动，头时胀痛，头晕头疼，心悸失眠，周身不适，坐卧不安，此乃阴血亏损，五脏失养，心神失守所致。患者忧愁思虑，心脾两伤，营血不足，故见烦躁，坐卧不安，纳呆，头晕头疼，心悸失眠；心脾受伤，化源不足，脏阴更亏，阴虚阳亢，故见头胀痛，阵阵烘热；舌质淡红苔薄黄，脉沉弦细，乃心脾两虚、肝肾不足之征。故治宜养心健脾，兼补肝肾，拟归脾汤养心健脾。甘麦、大枣甘以缓急；二至丸补益肝肾，凉血止血；佐首乌藤、酸枣仁宁心安神，白蒺藜、夏枯草疏肝散郁，牡蛎重镇潜阳，则诸症自愈。

二、带下病证治

带下一词首见于《素问·骨空论》中"任脉为病……女子带下瘕聚"。带下有广义和狭义之分。广义带下泛指妇产科疾病，因其多发生在带脉以下的部位，故称为"带下"。因此，古人也称妇产科医生为"带下医"。如《史记·扁鹊仓公列传》记载："扁鹊名闻天下，过邯郸，闻贵妇人，即为带下医。"狭义带下是指从妇女阴道内流出的液体，又有生理、病理之别。生理性带下是当女子肾气充盛，天癸臻熟，脾气健运，任脉通调，带脉健固，阴道内即有少量透明或色白、无特殊气味的黏性液体，在经期前后、氤氲期、妊娠期量略有增多，具有润泽阴户，防御外邪的作用。《沈氏女科辑要笺正》引王孟英语云："带下，女子生而即有，津津常润，本非病也。"病理性带下是指带下量增多，或色质异常，或有秽臭，或伴外阴瘙痒、疼痛、灼热，或腰酸下坠、小腹胀痛等症状者。

隋《诸病源候论·妇人杂病诸候·带下候》明确提出"带下病"之名，承《脉经》之"五崩"而分"带下五色俱下候"，如"带下青候""带下黄候""带下赤候""带下白候""带下黑候"，并提出"五脏俱虚损者，故其色随秽液而下，为带五色俱下"，分别以带色配五脏论其病机、病位。曾先生认为任脉通于胞中，又司阴液，带下病的发生与任脉损伤，带脉失约密切相关，其中又以任脉的损失为主，内因多由脾肾之虚，外因多为湿热之侵，主因多是湿邪为患，其病变在带脉以下，任脉所循行的阴器、胞宫等处，故以任脉失固、带脉失约概括其病机。而导致任脉损伤的因素，则多由饮食、劳倦、情志、大病或年老体弱、多产、房劳等损伤脾肾，从而引起任脉的病变。

带下为阴液，带下病的发生发展总不离"湿"，即《傅青主女科·带下》云："夫带下俱是湿症，而以带名者，因带脉不能约束，而有此病。"湿邪有内、外之别。内湿的产生与脾肾等脏腑功能失常密切相关，素体脾虚，或饮食所伤，或劳倦过度，或忧愁思虑，或肝病乘脾，或肾虚不温脾土，均可导致脾虚运化失职，脾精不守，不能输为荣血，反聚为湿；或肾阳不足，气化失常，水湿不化；或肾阴亏耗，阴虚封藏失守，虚火妄动以致任带失固，津液下夺；或肝经湿热，湿浊流溢下焦，损伤任脉亦可引发带下病。外湿则是指外感湿热、湿毒之气，经行产后，胞脉空虚，摄生不洁，湿热内犯；或恣食肥甘，酿生湿热；也可因淋雨涉水，久居湿地，蕴而化热；或感受暑湿，熏蒸而成；若湿热遏久成毒，或因热甚化火成毒，与湿邪胶结而为湿毒，亦有湿毒乘虚直犯阴器、胞宫，湿毒损伤任带二脉而为带下病。

曾先生认为带下病有虚有实，一般带下量多、色白、质清、无臭，属虚；带下量多，色、质异常而有臭气为实。临床常见证型有脾虚证、肾虚证、湿热证及湿毒证。因多有湿邪为患，虽虚证者，然易兼加湿热、湿毒；而实证湿热、邪毒未尽者，亦常伴正气已虚之势。故临床上带下病虚实夹杂者居多，全虚者少。临证需谨查兼证病机，结合患者的素体情况，在健脾除湿的基础上进行辨证论治，实证者多需配合外治法共奏其效，虚实夹杂者除邪勿伤正，"不可骤用峻热之药燥之"（《儒门事亲》）。

（1）脾虚证

主症：带下量多，色白如米汤，质稀薄，或如涕如唾，绵绵不断，无臭气，或微有腥气；面色㿠白或萎黄，四肢欠温，腹胀足肿，神疲肢倦，纳少或便溏，脘腹胀痛，或下肢浮肿，舌质淡，苔白或腻，脉缓弱。

治则：健脾升阳，除湿止带。

方药：参苓白术散（《和剂局方》）加升麻、白芷。

方解：党参、白术、茯苓、甘草、大枣益气健脾，怀山药、白扁豆、莲子、薏苡仁补脾渗湿，砂仁、陈皮理气和胃，桔梗、升麻、白芷载气升阳。若脾气健运，则湿可除而带可愈。

临证加减：如见肢冷胸闷、心悸气短，苔白腻而厚者，为湿盛阳虚，上方去白芷、桔梗，加干姜、肉桂以温中暖脾。兼见腰痛、小腹冷坠，脉沉缓者，为脾虚及肾，宜酌加续断、菟丝子、鹿角胶等温补肾阳；如有上述脾虚症状，而白带为青黄色，小便灼热者，为湿郁化热，原方去白芷、砂仁，加黄柏、车前子以清利湿热。

（2）肾虚证

①肾阳虚

主症：带下量多，色白清冷，质稀如水，绵绵而下无休止，甚则滑脱不禁；面色㿠白或晦暗，腰痛如折，畏寒肢冷，小腹冷坠，小便清长，夜尿增多，舌质淡胖，苔白或润，脉沉迟无力。

治则：温补肾阳，固涩止带。

方药：桂附止带汤（《中医妇科治疗学》）加味。附子、肉桂、续断、焦艾、茯苓、芡实、小茴香、乌贼骨、金樱子、菟丝子、鹿角片。

方解：附子、肉桂补命门之火，续断、菟丝子温养肝肾，小茴香、艾叶温经行滞，乌贼骨、芡实、金樱子、茯苓健脾固涩止带，鹿角片温肾止带。

临证加减：气短下坠者，加党参、升麻，益气升阳；小便量多者，加益智仁、桑螵蛸以缩小便。

②肾阴虚

主症：带下色黄，时夹血渣，或白带呈粉红色，质或黏稠，阴道干涩不适，或感灼热；心烦少寐，手足心热，咽干口燥，腰酸耳鸣，或头昏眼花，舌质红，少苔，脉细数。

治则：滋阴清热。

方药：知柏地黄汤加地骨皮、女贞子、墨旱莲。

方解：黄柏、知母清泻肾火，六味地黄丸滋阴补肾，女贞子、墨旱莲滋阴止血，地骨皮清肾中虚热，全方有滋阴、泻火、止血之效。

临证加减：小便淋沥涩痛者，去女贞子、地骨皮，加车前子、土茯苓、茵陈。

（3）湿热证

主症：带下量多，色黄或赤，或赤白相兼，质稠，有臭味，或少腹疼痛拒按，或阴部瘙痒，或阴中灼痛，坠胀，或有月经增多或经期延长；小便黄热或淋涩，大便或溏，舌红，苔黄腻，脉弦数或滑数。

治则：清热解毒，利湿止带。

方药：止带方（《世补斋·不谢方》）。茵陈、栀子、黄柏、牡丹皮、赤芍、牛膝、猪苓、泽泻、车前子、茯苓。

方解：茵陈、栀子、黄柏清热除湿，牡丹皮、赤芍清热凉血，牛膝活血，引诸药下行，猪苓、泽泻、车前子利湿，茯苓健脾渗湿。全方共奏清热利湿止带之功。

临证加减：兼见小腹两侧胀痛，小便淋沥涩痛者，为肝经下注，可用龙胆泻肝汤加红藤、败酱草、夏枯草。

对于湿毒证患者，曾先生常配合具有清热解毒功效的药物外洗，如苦参、蛇床子、银花藤、野菊花、龙胆等。阴道分泌物检查提示霉菌性阴道炎者，酌加瓜蒌仁、白鲜皮、雄黄、硼砂；滴虫感染者，加白头翁、薄荷叶、仙鹤草煎水外用。

此外，某些局部刺激常可引起带下量明显增多；妇科其他病证亦可兼见带下异常，如阴痒、阴疮、阴吹等；西医所谓女性生殖器官炎症、肿瘤、内科病症之黄疸、糖尿病等也可出现带下异常，治疗各异，不得一概而论。

典型验案举例

病案一　周某，女，24 岁，已婚，公共汽车驾驶员。初诊：1962 年 8 月 4 日。

主诉：白带量多伴气短神疲半年余，腰酸肢冷、心悸怔忡 2 个月。

现病史：患者于 1962 年 1 月开始白带量增多，精神不佳，未予注意，以后白带逐渐更多。5 月份饮食渐减，精神更差，短气下陷，疲软无力，但尚能支持工作，曾服中药治疗，主方为调经升阳除湿汤。服后效不显，渐增腰部酸胀，又在某医院治疗，妇科检查：除子宫后倾外，未发现其他病变。服药打针，效仍不显。近 2 个月来，白带终日淋漓不止，状如月经，微有腥气，自觉头昏肢冷，心悸怔忡，全身无力，欲思不思食，大便溏，小便量多，夜间更甚，月经 3 个月未来，1 年前曾患"水肿病"，至今尚未痊愈。望诊：身材高大，面色灰暗，略呈浮肿，按其额，有轻度凹陷，口唇淡红，舌质淡，苔薄白而润。闻诊：未发现异常；切诊：脉沉迟无力，左尺尤弱。

诊断：带下病。

辨证：脾肾阳虚。

治法：温肾扶阳，佐以固摄。

方剂：桂附止带汤加减。

附　子 9g	肉　桂 1.5g	续　断 9g	焦艾叶 9g
茯　苓 9g	芡　实 9g	盐小茴香 3g	乌贼骨 15g
金樱子 9g	黄　芪 9g	白　术 9g	

7 剂，每日 1 剂，水煎服。

二诊：8 月 11 日。患者诉白带大减，饮食亦增，精神渐佳，改用鹿角菟丝丸加减。

鹿角霜 100g	菟丝子 25g	牡　蛎 25g	白　术 25g
杜　仲 25g	莲　须 15g	银　杏 25g	芡　实 15g
党　参 25g	黄　芪 25g		

做丸服，每次 10g，每日 2 次。

三诊：8 月 26 日。患者诉诸恙悉愈，尚微有浮肿，改用参苓白术丸调理，数月后随访，已愈。

按语：脾气主升，肾主闭藏，脾阳虚则不能运化水湿，以致水湿内停而下注，肾气虚则不能固涩精气而下泄。患者 1 年前即患水肿，半年后即觉气短神疲、白带量多，其后饮食渐减，肢软无力，显由于脾阳不足，不能运化水谷，输送精微，以致水谷之精微聚而生湿，致单见浮肿，继而白带量多；湿困脾阳，则脾气愈虚，清阳下陷，故精神更差，气短下陷，饮食渐减，调经升阳除湿虽为燥湿胜湿之剂，但重在治标，其本已大虚，但治标不足救其已失之阳，故效不甚显。且脾虚湿冷，损及肾阳，肾之阳俱虚，阴寒内生，水湿更盛，奇经亦失温煦，任带二脉之寒盛，而见白带量多，终日淋漓，而见腥气；脾阳虚不能升清，故头眩，四肢冷，食少便溏；肾阳虚则奇经失煦，外腑失养，故腰酸；阳虚不能化气，故小便量多；舌淡、苔薄白而润，脉沉迟无力，均属阳虚内寒之象。《医学心悟》曰："大抵此症不外脾虚有湿，脾气壮旺则饮食之精气生气血而不滞，脾气虚弱则五味之实秀生带而不生气血。"然脾阳又赖肾阳之温煦，张景岳曰："而脾胃为中州之土，非火不能生，岂非命门之阳气在下，正为脾胃之母乎。"故在治疗上宜温补脾肾，还要注意命门必要肾水相济，才能发挥作用。肾强脾旺则带下自止，脾健血生则经水自调。故方选用桂附止带汤加黄芪、白术以温肾固摄，健脾益气。所谓"丸者缓也，舒缓而治之"，后期以丸药调理，缓缓增肾阳，培脾土，去水湿，故能病愈而瘥。

病案二　杨某，女，36 岁。初诊：1993 年 3 月 2 日。

主诉：间断性白带量多，伴异味 1 个月。

现病史：白带量多，色偏黄，有气味，性交痛；平素胃脘部不适，时有呕吐，1 周前胃镜示：浅表性胃炎，胃张力不足。常感精神不振，舌质红，苔中根厚腻，脉细濡。平素月经正常。

诊断：带下病。

辨证：胃气不振，湿郁化热。

方剂：六君合四妙加减。

党　参 15g	茯　苓 15g	白　术 15g	陈　皮 15g
半　夏 15g	白蔻仁 15g	黄　柏 15g	苍　术 15g
薏苡仁 20g	川牛膝 10g		

3 剂，日 1 剂，水煎温服。

二诊：服药后，白带量减少，色不黄，臭减，时有外阴灼痛感，舌质红，苔微黄，脉濡数。辨证为胃有郁热，湿热下注。易方为三仁汤加减。

杏　仁 10g	滑　石 10g	通　草 10g	白蔻仁 15g
陈　皮 15g	竹　叶 10g	厚　朴 10g	薏苡仁 20g
黄　柏 15g	半　夏 15g	甘　草 5g	

4 剂，日 1 剂，水煎温服。

三诊：服上方后，白带量正常，色不黄，无臭，精神可，仍感胃脘部不适，予平胃散调理。

| 苍　术 10g | 厚　朴 10g | 薏苡仁 20g | 陈　皮 15g |
| 茯　苓 10g | 白　术 15g | 炒麦芽 10g | 甘　草 6g |

半年后随访，带下未再复发，胃脘部不适情况也基本稳定。

按语：此例为带下病。《傅青主女科》曾说："夫带下俱是湿症。"湿邪伤及任带二脉，使任脉不固，带脉失约，故白带量多。白带色偏黄，"夫黄带乃任脉之湿热也"。患者素有胃脘部不适、时有呕吐之症，为胃气不振，受纳失常，致脾虚生湿，湿蕴化热。故予六君合四妙加减，以健脾益气、清热燥湿。服药后白带量减少，而时有外阴灼痛感，为湿热蕴结于下，损伤任带二脉，故易方三仁汤，以清热利湿、止带固带。一般认为本病的发病与脾肾关系密切，盖脾为湿土，喜燥恶湿，主司运化，"诸湿肿满，皆属于脾"（《素问·至真要大论》），脾气虚损不能运化水液，水湿内停，流注于下，可致带下。后期白带正常后，予平胃散调理，起燥湿运脾、行气和胃之效，以继续调治并防复发。

三、子病证治

1. 妊娠恶阻

妊娠后 6 ~ 12 周出现头晕厌食，恶心呕吐，恶闻食气，或食入即吐，体倦懈怠，嗜食酸咸等症者，称为恶阻。恶阻病名，最早见于《诸病源候论》，在《金匮要略·妇人妊娠病脉证并治》中就有"妇人得平脉，阴脉小弱，其人渴（呕），不能食，无寒热，名妊娠，桂枝汤主之"的记载。呕吐是妊娠早期的常见现象，若反应严重，反复呕吐不能自止者，可使孕妇迅速消瘦或诱发他病，甚至影响胎儿的发育，故需及时治疗。如《万氏妇人科》云："轻者不服药无妨，乃常病也。

重者须药调之，恐伤胎气。"

　　曾先生在妊娠疾患的研究中首重恶阻一病。他认为妊娠恶阻的发病与妊娠的特殊生理有密切的关系，乃受孕之初，月经停闭，血聚气实，气不下行所致，如果妊娠终止，呕吐也就停止。脾胃虚弱、肝胃不和则是导致气不下行的具体原因。孕后冲脉之气较盛，冲脉隶于阳明，附于肝，其气上逆犯胃，若胃虚不能下降，则随逆气上冲；或素体肝阳偏亢；或情绪偏激，肝失条达，肝旺犯胃，胃失和降，均可导致恶心呕吐。然久吐脾胃俱伤，饮食难进，无水谷精微可布，也无力散布精微，脏阴亏损，肝失所养，肾失所养，气机逆乱，呕吐加剧，阴液更亏，气随阴耗，出现气阴两虚之恶阻重症。临证治疗中，曾先生从妊娠恶阻"转归三期"出发，以和胃降逆为基本治疗原则，禁用升散之药，常有立竿见影之效，对临床具有较强的指导意义。

　　（1）脾胃虚弱证

　　主症：孕二三月，恶心不食，食入即吐，呕吐清涎；面色㿠白，或呈浮肿，脘腹胀满，厌闻食气，全身无力，怠惰思睡；舌淡苔白，脉缓滑无力。

　　治则：健胃和中，降逆止呕。

　　方药：香砂六君子汤加姜竹茹、伏龙肝。

　　方解：人参、白术、茯苓、甘草健脾益气和中，半夏、竹茹、茯龙肝降逆止呕，砂仁醒脾和胃，木香、陈皮理气和中，大枣补脾建中，使脾运得健，胃气得降，其呕自平。

　　临证加减：湿滞中脘，脘闷不思饮食，口淡不饮，苔白腻者，加广藿香、佩兰、豆卷、薏苡仁等，以芳香化湿。

　　（2）肝胃不和证

　　主症：妊娠初期，呕吐苦水或酸水；唾液增多，食入即吐，脘闷胁痛，嗳气叹息，头晕而胀，心烦易怒，或烦渴口苦，小便短黄，大便秘结，舌红苔薄黄，脉弦滑。

　　治则：抑肝和胃，降逆止呕。

　　方药：左金丸加紫苏叶、竹茹、芦根。

　　方解：重用黄连以泻肝胃火，少佐吴茱萸以开肝郁，二药同用具辛开苦降、清热疏肝之法；加苏叶、竹茹以宽中和胃，降逆止呕；芦根以清热生津。

临证加减：对吐甚伤津，烦渴欲饮者常加石斛、麦冬养阴益胃生津。

（3）气阴两伤证

主症：呕吐多日不止，甚至呕吐无物，或呕出物为血性；精神疲乏，形体消瘦，目眶深凹，肌肤不泽，两眼无神，发热，口渴，尿少，甚至无尿，舌红无津，或剥脱无苔，脉虚细而数。

治则：益气养阴，和胃止呕。

方药：麦门冬汤加五味子、细生地、石斛。

方解：红参、甘草、大枣、粳米益气补脾肺，麦冬、生地黄、石斛益胃生津，五味子益阴生津又能敛气，法半夏开胃行津、降逆止呕。

此外，妊娠恶阻的发生处在一个相对特殊的生理期间，肾主生殖，《素问·奇病论》云"胞络者，系于肾"，肾气不固则胎无所系。脾胃与肾的关系密切，脾虚化源不足，五脏之精少而肾失所养；肾阳虚衰则脾失温煦，运化失职，可致汗出肢冷、腰膝酸软、呕吐与泄泻同时出现。久病及肾，针对妊娠呕吐迁延反复，有时虽无肾虚征象，曾先生常与《医学衷中参西录》所载寿胎丸加减，补肾固精安胎，以防呕吐太过而损及胎元。对于妊娠恶阻的预后，曾先生指出该病虽以妊娠特殊生理状态为发病的内因，但可因人因治而预后不良，严重影响孕妇健康，甚或变生他病，如子肿、子痫、堕胎、小产等，影响胎儿的发育，甚则危及孕妇的生命。

典型验案举例

严某，23岁，已婚，干部，$G_4P_3^{+1}$。初诊：1957年5月10日。

主诉：停经2个多月，恶心呕吐20多天。

现病史：停经40多天即开始恶心呕吐，头痛、头昏难受，兼觉有低热，曾在当地某医院治疗，服药2剂后呕吐减轻，情况好转，近10天来又发作，较前加剧，一点不能进食，食则即吐，头晕眼黑，时常昏倒，人亦消瘦，自觉支持不住，始来我院就治。

查体：消瘦，面色苍白，神志清楚，呈脱水状，表情痛苦，心尖部可闻收缩期杂音，浊音界不扩大，肺无特殊，肝脾未触及，其他未发现异常情况。

辅助检查：尿酮体阴性，红细胞 $3.14 \times 10^9/L$，血红蛋白 96g/L，略呈贫血状态。肝肾功能正常，眼底检查阴性。

中医诊断：恶阻；西医诊断：妊娠剧吐。

处理：收入院综合治疗。

入院后，先禁食 24 小时，补充葡萄糖盐水，再予中药香砂六君汤加减以健脾和胃止呕，处方如下。

砂仁 (后下)3g	紫苏梗 9g	姜半夏 12g	生　姜 6g
焦白术 6g	焦鸡内金 3g	党　参 9g	茯　苓 9g
黄　连 3g	制香附 9g	陈　皮 3g	

上方煎水 300mL，少量多次呷服。

由于患者曾服过中西药多次，疗效不显，对服药缺乏信心，经说服解释后始服，在服药 1 剂后，呕吐即减轻，次日能进稀饭、干饭、开水等，夜晚仅呕吐 1 次，连服 2 剂后，呕吐停止，食欲恢复正常，仅诉头晕，由于轻度贫血，给注射肝精 2mL，一天一针。住院 10 天后出院，情况良好，随访未再复发。

按语：四诊合参，此例患者证属脾胃虚弱。脾胃虚弱，气机升降失常，孕后阴血下聚养胎，子宫内实，冲脉之气较盛，冲气上逆犯胃，胃失和降，故恶心呕吐，吐则伤津，可见脱水状；胃失受纳，脾不运化，气血化生乏源，四肢百骸失养，可见面色苍白、头晕眼黑，甚则昏倒，方选《名医方论》香砂六君子汤。方中砂仁能行气和中而止呕安胎，配以紫苏梗、白术，达到和胃止呕、健脾安胎的功效；半夏长于降逆和胃，为止呕的要药，配以生姜，以增强化痰止吐效果；焦鸡内金消食健胃，直接促进食物的消化；党参、茯苓作用缓和，具有健脾补虚的功效；香附、陈皮皆具有行气的功效，增强和胃降逆的功用；再加以小剂量的黄连，以清胃热。本方总以健脾和胃、降逆止呕为主，因患者惧进食，故为达药效，少量多次呷服，以复其常。

2. 先兆流产

妊娠后，下腹有轻微坠胀或疼痛，腰部酸胀或下坠，伴阴道有少量流血，先红后暗，检查子宫颈口未开，子宫大小与妊娠月份相符，这些证候是流产的先驱症状，发展下去可以成为流产，所以称"先兆流产"。中医学称为"胎动不安""胎漏"。

胎漏、胎动不安之因，隋代《诸病源候论》即指出有"其母有疾以动胎"和"胎有不牢固"的母体、胎元两大类病因病理观。即母体气血不调、胎元不固是诱发本病的主因。导致孕母气血不调、胎元不固的原因又有肾虚、气血虚弱、血热，以及父母精气不足等。此外，孕母不慎为跌仆所伤，或误食毒药毒物，或因痼疾，或孕后而患他病，或因胞宫病变亦可影响母体气血或直伤胎元，引起胎漏、胎动不安。

胎漏及伴有阴道流血的胎动不安病，辨证之时有应注意辨阴道流血的色、质。一般而言，阴道流血量少、色淡红、质清稀者，其病多虚；若阴道流血量少、色鲜红或紫红、质黏稠者，常为血热伤胎所致；而阴道出血漏下不止，色暗黑有块者，又多系癥疾为患之候。同时又当据与阴道流血同时出现的兼症、舌脉进行综合分析，始更为确切。此外，无论胎漏、胎动不安均应重视患者禀赋、身体素质、情志因素以及其他病史、服药史、生育史、生活史、家庭史，有无外伤史等资料的搜集，这对本病辨证求因每多有益。

论治胎漏、胎动不安，因其胎元欲殒而实未殒，故以安胎为主。如何安胎？一方面多据胎居母腹赖孕母肾系、气载、血养的机理和"胎前多热"而"血气贵乎清静宁谧"等见解，以固肾、扶脾、养血、清热诸法随证施治。另一方面又应宗"治病求本"之训，辨明疾病寒热虚实，"因其病而药之"，两者有机地结合，是为论治胎漏、胎动不安的大法，遣方用药之时，还应据本病阴道出血或/及腰酸腹痛主症的缓急，适时佐以缓急止痛、固肾止血之品，以奏标本同治之功。

（1）肾虚证

主症：妊娠期阴道少量下血，色淡红或淡暗，质清稀，腰酸腹坠痛，或曾屡次堕胎；或伴头晕耳鸣，小便频数，夜尿多甚至失禁，舌淡苔白，脉沉滑尺弱。

治则：补肾安胎，佐以益气。

方药：寿胎丸加杜仲、鹿角霜、熟地黄、艾叶。菟丝子、桑寄生、续断、阿胶、杜仲、鹿角霜、熟地黄、艾叶。

方解：桑寄生、菟丝子、续断、杜仲补肾安胎；鹿角霜温肾阳，补督脉，强筋骨治腰膝无力；阿胶、熟地黄滋阴补血安胎；艾叶安胎止血。

临证加减：气虚者，加党参、黄芪；小便失禁者，加益智仁；肾阴虚者，加制首乌、女贞子、墨旱莲。此外，肾虚的先兆流产，也可服成药千金保孕丸。

（2）气血虚弱证

主症：妊娠期阴道少量流血，色淡红质稀薄，或感腰腹胀痛或坠痛；神疲肢倦，面色㿠白或萎黄，心悸气短，舌质淡，苔薄白，脉细滑。

治则：补气养血，固肾安胎。

方药：胎元饮。人参、杜仲、白芍、熟地黄、白术、陈皮、炙甘草、当归。

方解：人参、白术、炙甘草甘温益气，健脾调中，助生化之源；熟地黄、白芍滋阴养血填其所虚；杜仲补肾安胎，配陈皮理气健脾；惟当归补血活血，走窜行散，有阴道出血者，可去而不用。诸药同用补气又养血，固肾而安胎，胎元内有载养，胎气安和，自无漏动之患。

临证加减：脾虚食少便溏者，加砂仁、怀山药以和中健脾；兼阴虚血热，口干咽燥，颧红，潮热者，加制首乌、女贞子、墨旱莲、黄芩；流血者，加乌贼骨；腰骶酸软甚者，加菟丝子、桑寄生、续断以固肾安胎；小腹冷，触之冰凉者，加附子。

（3）血热证

主症：妊娠期阴道下血，色鲜红或紫红质稠，或腰腹坠胀作痛；或心烦不安，手足心热，口干咽燥，舌红少苔，脉细滑而数；或伴头晕而胀，胸胁满痛，烦躁易怒，口苦咽干，舌质红，苔薄黄，脉弦滑数；或兼头痛发热，咽干口渴，舌尖红，苔薄黄，脉浮数。

治则：清热凉血安胎。

方药：保阴煎。生地黄、熟地黄、乌药、续断、黄芩、黄柏、生甘草。

方解：生地黄、黄芩、黄柏清热凉血，熟地黄养血滋阴，乌药补血敛阴止痛，续断止血安胎，山药、甘草扶脾和中。

临证加减：下血过多者，加墨旱莲、阿胶；胎动甚者，加桑寄生；如孕妇患热病而致，应以治病为主，病愈则胎自安。

（4）跌仆闪挫证

主症：有跌仆闪挫、持重等外伤史，继而下腹坠痛，阴道下血；无习惯性流产史及早产史，舌苔正常，脉较有力。

治则：养血活血安胎。

方药：芎归胶艾汤。川芎、当归、艾叶、阿胶、白芍、干地黄、炙甘草。

方解：当归、地黄、川芎等药养血和血，阿胶养阴止血，艾叶温经暖胎。跌仆闪挫，常夹瘀滞，安胎止血之法宜用养血活血之药，故川芎宜所不忌。

典型验案举例

病案一 张某，女，39 岁，已婚，刺绣工人。初诊：1959 年 9 月。

主诉：妊娠 3^+ 月，阴道流血伴腰酸、小腹下坠 2 天。

现病史：患者于 1959 年 6 月停经，现已妊娠 3^+ 月，由于操劳过度，自感腰酸神疲，数日后腹痛漏红，量尚少，现已 2 天。按脉细软而滑，舌淡少苔，脉细弱。

诊断：胎动不安。

辨证：气血方虚，胎元不固。

治法：益气补血，固肾安胎。

黄　芪 10g	归身炭 10g	熟地黄 10g	桑寄生 10g
续　断 10g	菟丝子 25g	覆盆子 25g	升麻炭 3g
白芍炭 7g	桔梗炭 5g	藕节炭 10g	

翌晨来诊，漏红已少，腰酸腹坠减轻，按上方意继进。

黄　芪 10g	归身炭各 10g	焦白术 7g	桑寄生 10g
续　断 10g	菟丝子 10g	覆盆子 10g	白　芍 7g
淡子芩 7g	南瓜蒂 2 枚	苎麻根 4 根	藕节炭 10g

服 2 剂，漏血即停，再予健脾养血善后，于次年四月平安生产。

按语：孕卵正常着床，胎儿正常生长发育，靠肾维系，血濡养，中气载。此证属气血两虚，归于脾肾两脏。肾主胞胎，为冲任之本，肾虚冲任失固，蓄以养胎之阴血下泄，故阴道少量出血;《中藏经》中有"劳者，劳于神气也；伤者，伤于形容也"，孕后劳倦伤脾，气血生化不足，气血虚弱，冲任不固摄及滋养胎元，致胎元不固；脾虚气弱，失于升清，故小腹下坠。曾师初以寿胎丸合当归补血汤以补肾益精、补气养血固摄冲任，再加以升麻益气升提，白芍养血安胎等。药以炭炒，更增止血之效。初诊后出血减少，继以当归补血汤加桑寄生、续断、菟丝子、覆盆子、白芍、淡子芩补肾养血安胎，焦白术健脾，苎麻根、藕节炭止血。脾为后天之本，血止后再健脾调中，以助生化之源，使气旺以载胎。标本兼治，血止而胎自安。寿胎丸为《医学衷中参西录》方，也是补肾常用方。

病案二 蔡某，女，28 岁，小学教员。初诊：10 月 5 日。

主诉：经停 3 月，小腹坠痛，阴道流血已 4 天。

现病史：脸色苍白，呈慢性病容，自觉四肢困倦，纳谷不思，胎动不安，小腹坠痛，连及腰部，似有临产之势。触诊：宫底在耻骨上约三横指，兼稍有压痛。体温 37℃，脉象虚弱，苔薄白。

诊断：劳伤气血，冲任脉虚，不能摄血养胎所致的"胎动不安"。

治法：益气补血，温经安胎。

| 黄　芪 15g | 党　参 15g | 当　归 10g | 阿胶^{烊化}10g |

黄　芪 15g　　　党　参 15g　　　当　归 10g　　　阿胶^{烊化}10g

艾　叶 10g　　　熟地黄 15g　　　川　芎 7g　　　杭　芍 18g

炙甘草 3g

4 剂，日 1 剂，水煎温服。

二诊：10 月 9 日。腹痛消除，阴道流血减少。原法已获大效，仍从原意增减。

黄　芪 25g　　　党　参 25g　　　当　归 15g　　　熟地黄 15g

白　芍 15g　　　川　芎 7g　　　阿胶 10g　　　艾　叶 10g

菟丝子 12g　　　炙甘草 5g

连服 4 剂痊愈。

按语： 患者气血虚弱，冲任匮乏，不能载胎养胎，胎元不固，气不摄血，故见阴道下血、小腹坠痛，可连及腰部，正如《格致余论》所言："血气虚弱，不足荣养，其胎自堕。"气血不足则不能荣养头面四肢，发为面色苍白、四肢困倦，总以《金匮要略》中胶艾汤加减，始方中参、芪、草甘温益气、健脾调中，阿胶补血滋阴，艾叶温经止血、安胎止痛，归、芍、地、芎为后世之四物汤，养血和血，补调冲任，草、芍相伍亦可缓急止痛。初诊收效，复诊重用参、芪补气，加以菟丝子补肾，患者腹痛消除，故甘草、芍药减量，继以艾叶止血。全方双补气血、温经安胎，药后气血得复，固摄有力，诸症自除。该病案中补血安胎选用了四物汤，方中川芎有活血养血作用，故在安胎过程中需慎用。

病案三 汤某，女，26 岁，小学教员。初诊：11 月 20 日。

主诉：妊娠 3 个月，阴道流血 7 天，下腹坠痛伴腰部 2 天。

现病史：纳呆不食，头晕眼花，口渴尿赤，大便数日不解。查体：营养发育中等，触诊宫底在耻骨上约三横指。体温 37.5℃，脉象弦数，舌苔黄燥。此大肠热燥，血热灼胎。

| 生地黄 15g | 白 芍 15g | 当 归 10g | 阿胶^{烊化}10g |

生地黄 15g　　　白 芍 15g　　　当 归 10g　　　阿胶^{烊化}10g

苦 参 15g　　　川 贝 3g　　　　栀 仁 6g　　　　黄 芩 6g

川 芎 3g　　　　甘 草 3g

3 剂，日 1 剂，水煎温服。

二诊：10 月 23 日。服药后，大便通畅，腹痛消除，阴道流血显著减少，仍采前法治之。处方：生地黄、白芍各 18g，当归、阿胶、地榆各 10g，川芎、黄芩各 6g，栀仁 5g，甘草 3g。服 4 剂痊愈。

按语： 该例血热灼伤津液，口渴尿赤，间或大便数日不结；热邪直犯冲任、子官，内扰胎元，胎元不固，故妊娠期阴道淋漓出血；热邪内扰，胎气不安，可见小腹下坠；胎系于肾，腰为肾之府，可出现腰部不适感，傅青主说："血热则动，动则外出，治法宜补其气之不足，而泄其火之有余，则血不必止而自无不止矣。"张介宾说："胎热者血易动，血动则胎不安便坠。"拟凉血养血，清热润燥之法。此方为胶艾汤去艾叶，合当归贝母苦参丸加黄芩、栀仁组成。《金匮要略》云："妇人有漏下者，有半产后因续下血都不绝者，有妊娠下血者。假令妊娠腹中痛，为胞阻，胶艾汤主之。"调补冲任气血乃治疗妇科疾病的重要原则之一，胶艾汤为调补冲任、养血固经之方，该例患者为血热灼津、热伤冲任、胎元不固，艾叶性辛温，恐进一步伤津，故去艾叶，加黄芩清热凉血安胎。结合《金匮要略》中"妊娠小便难，饮食如故，当归贝母苦参丸主之"，当归贝母苦参丸中当归润肠通便，苦参清热泻火利尿，贝母清肺开郁。全方清热开郁、养血润燥，加栀仁增强其开郁泻火润肠之功。纵观全方，清热润燥、调补冲任、养血固经，是方是法，遂获良效。二诊，大便通畅，腹痛消除，阴道流血显著减少，故去当归贝母苦参丸，加地榆清热止血，进一步调理冲任，养血固经，服 4 剂后痊愈。值得注意的是，方中川芎、当归活血行血恐致胎气不固，妊娠期用药应更加小心谨慎，故此类药物应慎用。

3. 滑胎

堕胎或小产连续发生 3 次及以上者，称为"滑胎"，即"屡孕屡堕"或"数堕胎"，现代医学称"习惯性流产"。滑胎在一些古医籍中指临产催生的方法，如《校注妇人良方》的"滑胎例""易产滑胎"；《景岳全书·妇人规》的"滑胎方法"

均指临产催生，不属本节滑胎病证。

滑胎的发病机理基本与胎漏、胎动不安相同，且常从胎漏、胎动不安发展而致。本病原因复杂，每涉及男女双方，因于男方者，不属本节论述范围。

母体先天不充，或后天受损，以致女精不健；或父体先、后天原因以致男精不壮；或因男女双方皆不足，或近亲婚配，影响胎元发育，不能成实。此外，因气血亏损，不能萌胎，或由素体阴虚，因妊益虚，内热伤胎，以致屡孕屡堕。还有因孕后起居不慎，房事不节或情志不调，或稍有劳作便致滑堕的，但亦是胎元本弱所致。

曾先生认为滑胎宜在未孕之前进行调理，经检查不属器质性原因，并排除男方因素，则宜以补肾、健脾、养血、固冲调治，或针对原因进行治疗。若有月经不调者，当先调经；若因他病而至滑胎者，当先治他病；若滑胎患者已受孕，应积极予以保胎，可按胎漏、胎动不安之法治疗；若胎元难保，则按堕胎、小产处理。

主症：屡孕屡堕，其或应期而堕；体质纤弱，腰膝酸软，精神萎靡，面部暗斑，或心悸气短，月经或有不调，或滑胎后又艰于再孕，夜尿频多，脉沉弱，舌质淡嫩，苔薄白。

治法：补肾益脾，调冲任。

方药：补肾固冲丸。菟丝子、续断、巴戟天、杜仲、当归、熟地黄、鹿角霜、枸杞子、阿胶、党参、白术、大枣、砂仁。

方解：方中菟丝子、续断、巴戟天、杜仲、鹿角霜补肾固冲，当归、熟地黄、枸杞子、阿胶养肝滋血，党参、白术、大枣补气益脾，砂仁理气调中。全方肾、肝、脾、气血同治，以益冲任之本。适用于滑胎未孕前及孕以后检查无器质性病变者。

临证加减：证兼难寐多梦，心烦咽干，大便结燥，苔黄薄者，此多因患者素体阴虚，孕后益虚，易生内热，热伤胞络，损及胎元所致。治宜养血清热，方用保阴煎以除虚热，继可用补肾固冲丸调治。滑胎的治疗，曾先生力主治病与安胎并举的原则，提出治病当分寒热虚实，病去则胎自安；安胎又当主以补肾培脾。补肾是固胎之本，而培脾是益血之源，本固血足则胎易安。明确指出"胎前宜凉"的安胎原则，用于气盛有热者相宜，对于气虚偏寒者则不当。故不可固执

"清其热则血不致妄行而能养胎"，亦不能盲目推崇"黄芩、白术为安胎圣药"的观点。

典型验案举例

谷某，女，38 岁，已婚，文艺工作者。

患者婚后曾正产二胎，从第三胎起怀孕数月即小产，已 7 次。于 1962 年 1 月 10 日又怀孕二月余，因腰酸而来就诊，兼有胸闷纳呆，泛恶神疲，脉象浮滑，舌苔黄腻。诊为肾亏而胎气上逆。治以宽中和胃，固肾安胎。

生地黄 10g	白　术 6g	子　芩 5g	川　断 10g
杜　仲 12g	桑寄生 10g	菟丝子 10g	覆盆子 10g
陈　皮 10g	黄　连 5g	吴茱萸 5g	

服 3 剂后，腰酸已愈，泛恶亦瘥。于怀孕 4 个半月时，复因疲劳过度，突然腰酸音哑，又有滑胎之象。更方：

炒归身 5g	熟地黄 10g	白　芍 6g	川续断 10g
菟丝子 10g	覆盆子 10g	金樱子 10g	白　术 6g
桑寄生 12g	太子参 5g	苎麻根 12g	

另自购梨羔冲服，服 3 剂后，腰酸渐好，声音亦恢复正常。嗣后屡有腰酸现象，均服补肾安胎之剂安全度过。至怀孕 8 个半月时，因跌仆受伤，复加饮食不慎，大便溏泻，小腹隐痛而有下坠感，早产之象可虞。

白　术 10g	陈　皮 10g	扁豆衣 10g	杜　仲 12g
续　断 10g	狗　脊 6g	桑寄生 10g	焦建曲 10g
潞党参 5g	木　香 5g	黄　连 5g	

服 3 剂后，腹坠便溏均愈，后于 8 月中旬足月顺产一男。

按语：本病多为肾气虚弱或气血方损，以致胎儿难得滋养，故屡次发生堕胎。防治之法为怀孕后即宜节欲；凡有腰酸症状时，应注意休息，并服药安胎，使能渡过上次流产月份，方可安全。治疗宜调补肝肾、益气血为主，宜于发生腰酸腹坠时，即行服用，如已漏红，常难保全。药用：太子参 5g，杜仲 10g，续断 10g，狗脊 10g，熟地黄 10g，怀山药 10g，焦白术 6g，炒阿胶 10g。如已见红加仙鹤草、黑地榆各 12g。此外，有流产史者，妊娠不宜过密，否则屡孕屡堕，徒然消耗气血，损伤冲任。每逢此类患者，应嘱避孕一年，在这期间，可内服杜仲、菟丝子、覆盆子、续断、鹿角霜、当归、黄芪各 10g，紫河车 6g 以调补肝肾，峻填奇经，使冲任得充养，恢复正常功能。

四、产后病证治

1. 产后恶露不绝

产后血性恶露持续 10 天以上，仍淋漓不断者，称为"恶露不绝"，又称"恶露不尽""恶露不止"。恶露是指胎儿娩出后，胞宫内遗留的余血、浊液。如《女科经纶·产后证》曰："新产恶露，属养胎余血，杂浊浆水。"本病发生机理，主要是冲任不固，气血运行失常。因冲为血海，任主胞胎，恶露乃血所化，来源于脏腑，注于冲任。分娩后"上为乳汁，下为产露"。恶露以畅行为顺，然下之有期，产后 10 天内血性恶露当净，遂能恶血得去，新血得生。若脏腑受病，气血失调，冲任不固，则可导致恶露过期不止。其病因病机主要有气虚、血热、血瘀等。本病之辨证，应注意恶露的量、色、质、气味等，以辨别寒、热、虚、实。如量多，色淡红，质清稀，无臭气，多属气虚；色红或紫，质稠黏而臭秽，多为血热；量时多时少，色紫暗，有血块，多属血瘀。治疗应遵循虚者补之、热者清之、留者攻之的原则，分别施治。结合产后生理特点，选方用药时应注意：虚者勿补摄太过，以防止血留瘀；实者禁用破血之品，以恐动血耗血，以达到补虚不留瘀，祛邪不伤正之目的。若为部分胎盘残留或大部分胎膜残留所致者，应中西医结合处理。

（1）气虚证

主症：产后恶露过期不止，量多，色淡，无臭气，小腹空坠；短气懒言，神疲肢倦，面色㿠白，舌淡苔白，脉缓弱。

治则：补气摄血固冲。

方药：补中益气汤加鹿角胶、焦艾叶。

方解：人参、黄芪、白术补中益气，鹿角、当归、艾叶温养奇经，橘皮、干姜、大枣以和中，升麻、柴胡升清阳气，使元气旺而血自归经，胞宫暖而冲任得固。

临证加减：恶露为淡红血水、量少、舌淡、脉细弱者，为气血大虚之象，可用大补元煎加黄芪、乌贼骨。

（2）血热证

主症：产后恶露过期不止，量较多，色红，质黏稠，或有臭秽气；面色潮红，口燥咽干，舌质红少苔，脉虚细而数。

治则：养阴清热止血。

方药：安露饮。生地黄、墨旱莲、丹参、益母草、乌贼骨、续断、黄柏。

方解：生地黄、丹参清热凉血养阴，墨旱莲养阴清热，黄柏、乌贼骨、益母草清热止血，续断养阴。

（3）血瘀证

主症：产后恶露淋漓，涩滞不爽，量时多时少，色紫暗，有块，小腹疼痛拒按；或胸腹胀痛，舌紫暗，或尖边有瘀点，脉弦涩或沉而有力。

治则：活血化瘀止血。

方药：生化汤加益母草、艾叶，痛甚者加失笑散。

方解：当归、川芎活血化瘀，桃仁化瘀止痛，炮姜温经散寒，甘草和中缓痛。全方能活血化瘀，瘀去则血归经。加益母草、艾叶增加化瘀生新止血之功。

临证加减：兼气虚，伴见小腹空坠者，加党参、黄芪；如兼肝郁，症见腹胀、脉弦者，加郁金、香附、川楝子。

典型验案举例

病案一 郑某，女，29 岁，工人。初诊：1973 年 7 月 6 日。

现病史：产后恶露淋漓不尽 1$^+$ 月。头晕心悸，神疲乏力，胃口不佳，夜梦较多，腰酸，查舌淡苔薄，脉细弱。

诊断：产后恶露不绝。

辨证：心脾两虚，摄纳无权。

治法：补益心脾，益气固摄。

方剂：举元煎加减。

太子参 30g	黄 芪 30g	升 麻 5g	山 药 20g
枣 仁 10g	远 志 10g	当 归 10g	熟地黄 15g
杜 仲 10g	续 断 15g	益母草 15g	炙甘草 5g

3 剂，每日 1 剂，水煎温服。

复诊：7 月 10 日。诉服药 3 剂，恶露已净，其他症状减轻，精神好转，睡眠好转，脉转有力。继用前方 3 剂巩固疗效。

按语：先贤有"产后专以大补气血、行气为主"之语，乃调治产后恶露淋漓不尽之大法。此例患者心悸、夜梦较多，为心血亏虚，心神不得养，心血不得上荣脑窍所致；头晕、神疲乏力、胃口不佳，盖因脾不健运，气血无以化生所致，血虚不得上荣清窍，脾气虚则固摄无权。治以补益心脾、养血安神，佐以益气固摄，归脾汤加减。患者腰痛，加之产后多虚多瘀，更以杜仲、续断、益母草补肾活血以治其本。

病案二　黎某，女，33 岁，人流术后。初诊：5 月 8 日。

现病史：孕 40⁺ 天做人流术，术后阴道下血，淋漓不止 1⁺ 月，色暗黑，呈水样，小腹痛，曾用黄体酮及安必仙，腹胀痛，又注射黄体酮，口服宫血宁后仍淋漓不止。B 超提示：子宫增大，宫腔内可见液性暗区。唇淡，眼睑略呈苍白，舌淡暗，脉细弱。

中医诊断：（流）产后恶露不绝；西医诊断：子宫收缩乏力。

辨证：气虚血滞。

治法：益气活血。

方剂：加参生化汤。

太子参 30g	当　归 10g	川　芎 10g	炮　姜 10g
益母草 15g	焦山楂 15g	炒白术 15g	黄　芪 15g
海螵蛸 20g	炙甘草 5g		

5 剂，每日 1 剂，水煎温服。

复诊：5 月 17 日。服上方后肝区痛甚，血仍未止，手心热，舌质红，苔微黄，脉细数。为阴虚血热漏下，加参保阴煎加减。

5 月 25 日上街偶遇，自诉服上方 5 剂后血止。

按语：顺产、剖宫产产后恶露正常干净时间为 3 周或 1 月内，人流后 7～10 天干净。如人流术后半月恶露不净经治不愈，需谨慎绒毛膜癌。此例患者流产术后余血阻滞，迫血妄行，阴道下血淋漓不尽，日久则阴血亏虚，不能上荣于面，可见唇淡、眼睑略呈苍白；"血为气之母"，气随血减，不能助子宫收缩，进一步加重出血，以益气活血为治，方选产后第一方生化汤加减；其后患者出现阴虚内热之象，阴血亏虚，则生内热，可见手心热、舌红苔少、脉细数等症，佐以保阴煎以清热养阴、止血固冲，辨证施治，自能奏效。

2. 产后发热

产褥期内，出现发热持续不退，或高热寒战，并伴有其他症状者，称为"产后发热"。如产后一二日内，只有轻微发热而无其他症状者，此由阴血骤虚、阳气外浮所致，二三天后，营卫自能调和，低热自退，属正常生理现象。产后发热的记述最早见于《素问·通评虚实论》："帝曰：乳子而病热，脉悬小者何如？岐伯曰：手足温则生，寒则死。"产后发热病因多端，主要病机与产后多虚多瘀的特点密切相关。产后血室正开，邪毒乘虚而入，直犯胞中；产后失血伤津，阴血骤虚，阳易浮散；产后元气亏虚，腠理不密，营卫不和，易感外邪；恶露停滞，瘀血内阻，壅遏气机，营卫不通。临床常见者有感染邪毒发热、血虚发热、外感发热、血瘀发热等。产后发热，虚实有别，其证各异。应据热型、恶露、小腹情况及伴见症状加以分辨。若高热寒战，伴小腹疼痛拒按、恶露有臭气者，为感染邪毒。若高热持续不退，神昏惊厥者，则属产后发热危重急症。寒热时作，恶露量少，小腹疼痛拒按者，为血瘀发热。恶寒发热，肢体疼痛，咳嗽流涕者，为外感发热。如正值盛夏炎热季节，高热多汗，口渴心烦，体倦少气者，为中暑发热。产后失血过多，微热自汗，恶露量少色淡者，则为血虚发热。

本病的治疗，应以调气血、和营卫为主。产后诚多虚证，不宜过于发表攻里，但又不可不问证情，片面强调补虚，而忽视外感和里实之证，致犯虚虚实实之诫。感染邪毒者，其证危急且重，必须采用中西医结合治疗。

（1）感染邪毒

主症：产后高热寒战，热势不退，小腹疼痛拒按，恶露量多或少，色紫暗如败酱，有臭气。烦躁，口渴引饮，尿少色黄，大便燥结，舌红苔黄，脉数有力。

治则：清热解毒，凉血化瘀。

方药：五味消毒饮合失笑散加牡丹皮、赤芍、益母草。

方解：金银花、野菊花、蒲公英、紫花地丁、紫背天葵、鱼腥草清热解毒排脓；蒲黄、五灵脂、益母草活血化瘀；牡丹皮、赤芍清热凉血活血。共奏清热解毒，凉血化瘀之效。

临证加减：高热甚者，可加连翘、白薇、柴胡；汗多，烦渴不解者，加石膏、天花粉、芦根、石斛、栀子等。

（2）血瘀证

主症：产后寒热时作，恶露不下，或下亦甚少，色紫暗有块，小腹疼痛拒按。口干不欲饮，舌紫暗或有瘀点，脉弦涩。

治则：活血化瘀，清热和营。

方药：生化汤加蒲黄、五灵脂、红花、益母草。

方解：重用当归补血活血，化瘀生新为君；川芎活血行气祛风，桃仁、红花、蒲黄活血祛瘀为臣；炮姜、五灵脂温经散寒，止痛止血为佐；炙甘草和中，调和诸药为使。全方补虚化瘀，加丹参、牡丹皮、益母草加强化瘀清热之功。

（3）外感证

主症：产后恶寒发热，恶露如常，无下腹痛。头痛，肢体疼痛，无汗，或微汗出，或鼻塞流涕，咳嗽，舌苔薄白，脉浮紧。

治则：养血祛风，疏解表邪。

方药：荆防四物汤加紫苏叶。

方解：四物汤养血，荆芥、防风祛风解表，加紫苏叶以疏风散寒。全方为养血祛风解表之剂。

临证加减：属外感风热者，发热，微恶风寒，头痛，口干咽痛，或咳嗽痰黄，微汗，舌红，苔薄黄，脉浮数。治宜辛凉解表，疏风清热。方用银翘散或竹叶汤。如邪犯少阳者，往来寒热，口苦，咽干，作呕，胸胁痞满，默默不欲食，舌苔薄白，脉弦或弦数，方用小柴胡汤或三合散。若外感暑热，气津两伤者，身热多汗，口渴心烦，体倦少气，舌红少津，脉虚数，治以清暑益气、养阴生津，方用清暑益气汤。

（4）血虚证

主症：产时产后失血过多，身有微热，自汗，恶露量少，色淡质稀，腹痛绵绵，喜按；头晕目眩，心悸少寐，手足麻木，舌淡红，苔薄，脉虚微数。

治则：养血益阴，和营退热。

方药：八珍汤加黄芪、地骨皮、浮小麦、牡蛎。

方解：四物汤补血，四君子汤补气，气血充足，营卫调和，其热自退；黄芪补益气血，地骨皮、浮小麦清虚热，牡蛎收敛固涩止汗。

典型验案举例

病案一 马某，女，28岁，银行职员。初诊：1982年11月15日

主诉：产后1周，恶寒发热2天。

现病史：11月7日于某院顺产一女婴，产时流血较多，产后甚感疲倦，心悸气短，恶露量多，小腹微痛，喜按，汗多，因前两天换衣服受凉，微有咳嗽。昨晨突然恶寒，继即发热，汗多，咳亦加重，气喘，二便如常。患者精神欠佳，消瘦面赤，吸气微喘，唇舌淡红，苔薄白，脉浮数无力。

中医诊断：产后发热。

辨证：正气内虚，风寒外束。

治法：解肌透邪，益气扶正。

方剂：《金匮要略》竹叶汤加减。

淡竹叶 12g	葛　根 9g	防　风 6g	桔　梗 9g
桂　枝 4.5g	太子参 15g	甘　草 3g	附片^{先煎} 5g
法半夏 6g	大　枣 4枚	生　姜 3片	

3剂，每日1剂，水煎温服。

复诊：11月18日。服上方2剂，热退汗止，尚有微咳，饮食欠佳，脉缓无力。表邪已解，气血亏虚。拟健脾养血，佐以止嗽。具体方药如下。

太子参 15g	白　术 10g	茯　苓 10g	当　归 10g
白　芍 9g	益母草 10g	法半夏 6g	陈　皮 6g
甘　草 3g			

4~6剂。

按语：此例为产后外感风邪，发热汗出，为病邪在表，但面赤、气喘又为虚阳上越之象，这是产后正气大虚，复感外邪而形成的正虚邪实证候。此时治疗，最为棘手。若因其病邪在表，单用解表散寒药，则虚阳易脱；若因其虚阳上越，纯用补正药，又恐敛邪；最为妥当的是在祛邪之中兼以扶正，方选《金匮要略》竹叶汤："产后中风，发热面正赤，喘而头痛，竹叶汤主之。"方中竹叶、葛根、桂枝、防风、桔梗能解外邪，太子参、附子固护阳气，法半夏和胃降逆，甘草、生姜、大枣调和营卫，共收扶正祛邪、表里兼治之效。

病案二　谭某，女，30岁。初诊：1979年2月12日。

现病史：上月于某医院顺产一男婴，7天后出院，术后流血较多，5天后自感头昏，背微恶寒，精神饮食尚好，未予注意。仍恶风怕冷，恶露至今未尽，色淡红，时时发热，自汗出，汗后恶风尤甚，头昏，心慌，不寐，四肢无力。患者形体较瘦，面色无华，舌淡苔白，脉象虚大而缓。体温37.8℃。

诊断：产后伤风，持续不解。

辨证：血虚感邪，营卫失调。

治法：祛邪扶正，调和营卫。

方剂：桂枝汤加减。

桂　枝 5g	白　芍 10g	炙甘草 3g	五味子 6g
黄　芪 30g	当　归 6g	炒枣仁 12g	生　姜 3片

大枣7枚为引

2剂，日一剂，水煎温服。嘱患者慎起居，避风寒，勿劳累。

复诊：2月14日。药后当晚渐能熟睡，自汗、恶风减轻，服2剂后，体温降至正常，已能当风起坐，动时尚有微汗。继以益气固表，养血安神为治。

黄　芪 30g	防　风 9g	白　术 10g	当　归 6g
白　芍 12g	熟地黄 12g	川　芎 6g	炒酸枣仁 10g
五味子 10g	炙甘草 3g		

4剂，日1剂，水煎温服。

三诊：2月18日。汗已止，精神饮食好转，恶露未尽.上方去防风，加党参12g，炮姜炭15g，艾叶炭12g。

按语：该例患者产时失血过多，阴血骤虚，以致阳浮于外而时时发热，营不敛津而自汗出，正如《医宗金鉴·妇科心法要诀》曰："产后发热，多因阴血暴伤，阳无所附。"阴血亏虚不得濡养四肢百骸，可见面色无华、头晕、心慌、不寐、四肢无力等症。血伤及气，气虚固摄失职，恶露淋漓不尽；元气受损，腠理不密，卫阳不固，故见恶风怕冷，且外邪易乘虚而入，营卫不和，发为外感之证。秉持仲景"诸血虚家，不可发汗"之意，曾师以桂枝汤加减以调和营卫、扶正祛邪，更加黄芪、当归补气养血，佐以五味子收敛固涩、生津宁心，以获《内经》"劳者温之，损者益之"之效。药后症状明显缓解，但动尚有微汗，更方用玉屏风散与四物汤组合，总以补血益气以善后固本，兼以固表治其标。考虑到恶露未尽，三诊时去防风解表疏散之品，加入党参、炮姜以益气固涩，图其治。

3. 产后缺乳

产后产妇乳汁极少，甚或全无者，不能满足哺乳的需要，称为产后缺乳。《诸病源候论》列有"产后乳无汁候"，认为其病因系"既产则血水俱下，津液暴竭，经血不足"使然。产后缺乳多因气血虚弱、生化乏源与肝郁气滞、疏泄失职所致。依据乳汁和乳房的情况辨虚实：虚者，乳房柔软不胀不痛，挤压乳汁点滴而出，质稀；实者，乳房胀满而痛，挤压乳汁疼痛难出，质稠。其治疗法则为虚则补之，实则疏之。

（1）气血虚弱证

主症：产后乳汁稀少，或无乳汁，乳汁清稀，乳房柔软，无胀满感；面色苍白或萎黄，心悸失眠，头晕眼花，舌质淡红，舌苔薄白或少苔，脉细弱。

治则：补血益气通乳。

方药：通乳丹。人参、黄芪、当归、麦冬、木通、桔梗、猪蹄。

方解：人参、黄芪补气健脾，生血化乳；当归、麦冬养血滋阴；木通、桔梗宣络通乳；猪蹄养血下乳。

（2）肝郁气滞证

主症：产后乳汁不行，乳汁质稠；乳房胀痛，精神抑郁，胸胁不舒，脘胀食少，舌质淡红，舌苔薄白，脉弦。

治则：疏肝解郁通乳。

方药：下乳涌泉散。青皮、柴胡、天花粉、熟地黄、芍药、当归、川芎、穿山甲、王不留行、漏芦、桔梗、通草、甘草。

方解：青皮、柴胡疏肝解郁，四物、天花粉养血滋阴，穿山甲、王不留行、漏芦活络下乳，桔梗、通草宣络通乳，甘草调和诸药。

临证加减：乳积化热者，加蒲公英、夏枯草、赤芍；乳房胀痛甚者，加丝瓜络、香附。

典型验案举例

李某，30岁，已婚，干部。初诊：1995年2月26日。

主诉：剖宫产后1⁺月，乳汁少。

现病史：恶露已净，乳汁少，乳房柔软，乳头内陷，小儿无法吸吮；神疲乏力，偶有腰酸，舌淡，苔薄白，脉细。

诊断：产后缺乳（脾肾不足，气血亏虚）。

治法：补益气血，佐以通乳。

方剂：通乳丹加减。

党　参 15g	黄　芪 30g	当　归 15g	麦　冬 10g
通　草 10g	桔　梗 10g	全瓜蒌 20g	熟地黄 15g
续　断 15g	杜　仲 15g	王不留行 15g	

5剂，水煎服，日1剂，并嘱多饮猪蹄鲫鱼汤等汤类饮食，辅助做乳头操以纠正乳头内陷。

复诊：3月2日。诉服药及进食猪蹄鲫鱼汤后，乳汁量明显增加，乳房开始有充盈感，乳头经做乳头操后内陷改善，小儿可勉强吸吮乳头，大便稍干，仍感乏力，腰酸，舌淡红，苔薄白，脉细。诊治同前，继服前方加肉苁蓉15g，5剂，日1剂，水煎温服。

2个月后，该患者又因带下量多伴外阴瘙痒来诊。诉服上方10剂后，乳汁可满足婴儿需要。

按语：《景岳全书·妇人规》中说："妇人乳汁，乃冲任气血所化，故下则为经，上则为乳。若产后乳迟乳少者，由气血之不足，而犹或无乳者，其为冲任之虚弱无疑也。"该例患者气血亏虚不能濡养头面四肢，可见神疲乏力；乳汁为血所化，乳汁生化不足，血少气弱涩不行，故见乳汁少；气虚则下陷，致使乳头内陷。猪蹄鲤鱼汤本就是血肉有情、滋补通利之品，历来作为缺乳的辅助治疗手段，曾师更以傅氏通乳丹，大剂量益气养血之品，旨在补气以生血，为乳汁生化之源。方中加入全瓜蒌、王不留行等散结通利之品，以增加通乳的力量；又因患者哺乳劳累，偶伴腰酸，故入续断、杜仲以养肾中之精气，也起到了以先天资后天的作用，如是则药到病除。

4. 产后身痛

妇女在产褥期间，肢体关节酸楚疼痛，麻木重着者，称"产后身痛"，又称"产后关节痛""产后遍身疼痛""产后痹证"或"产后痛风"。《诸病源候论》首论其病机："产则伤动血气，劳损脏腑，其后未平复，起早劳动，气虚而风邪乘虚伤之，致发病者，故曰中风。若风邪冷气，初客皮肤经络，痛痹不仁。"产后身痛的主要病因病机为产后血虚，风寒湿之邪乘虚而入，稽留关节、经络所致。辨证重在辨疼痛的部位和性质，并结合全身症状和舌脉。如肢体关节酸楚麻木为主，多属血虚；若痛有定处，按之益甚，多属血瘀；痛处走窜不定者多属风，冷痛而喜热者多属寒，重着而痛者多属湿。治疗以调理气血为主，纵有风寒湿邪，也应养血为主，稍加通络。

（1）血虚证

主症：产褥期间，遍身疼痛，关节酸楚，肢体麻木；面色萎黄，头晕心悸，气短乏力，舌淡红，苔薄白，脉细弱。

治则：补血益气，活血通络。

方药：黄芪桂枝五物汤加秦艽、当归、鸡血藤。黄芪、桂枝、白芍、生姜、大枣、秦艽、当归、鸡血藤。

临证加减：上肢疼痛为主者，加桑枝宣络止痛；下肢疼痛者，加怀牛膝补肝肾、强筋骨，引药下行。

（2）风寒湿证

主症：产褥期中，遍身疼痛，或肢体关节屈伸不利，或痛处游走不定，或疼痛剧烈，宛如针刺，或肢体关节肿胀、麻木、重着；恶风怕冷，舌质淡红，苔白或白腻，脉细弦或浮紧。

治则：养血祛风，散寒除湿。

方药：独活寄生汤（《备急千金要方》）。独活、桑寄生、秦艽、防风、细辛、白芍、川芎、地黄、杜仲、牛膝、茯苓、桂枝、当归、人参、甘草。

方解：四物汤养血和血；人参、茯苓、甘草益气健脾固表；独活、桑寄生、秦艽、防风祛风除湿，通络止痛；杜仲、牛膝补肝肾，强筋骨；桂枝、细辛温经通络，散寒止痛。全方共奏养血祛风、散寒除湿、扶正止痛之功。

临证加减：关节疼痛恶风，游走无定者，加羌活以祛风通络；重着麻木明显者，酌加苍术、木瓜以除湿；关节疼痛、屈伸不利者，加青风藤、伸筋草以宣络止痛。

（3）血瘀证

主症：产后遍身疼痛，或四肢关节刺痛，屈伸不利；或伴小腹疼痛拒按，恶露色暗红、下而不畅，舌质紫暗，脉弦涩。

治则：养血活血，通络止痛。

方药：身痛逐瘀汤。秦艽、川芎、桃仁、红花、没药、五灵脂、香附、牛膝、地龙、羌活、当归、甘草。

临证加减：小腹疼痛拒按，加益母草、炮姜以温经通络，化瘀止痛。

（4）肾虚证

主症：产后腰背疼痛，或足跟痛，腿脚无力，舌淡红，苔薄白，脉沉细。

治则：补肾通络，温经止痛。

方药：养荣壮肾汤（《叶氏女科证治》）加秦艽、熟地黄。桑寄、生川断、杜仲、独活、当归、防风、肉桂、生姜、川芎、秦艽、熟地黄。

方解：桑寄生、川断、杜仲补肾强腰壮骨；当归、川芎养血活血；肉桂、生姜温经散寒；独活、秦艽、防风祛风胜湿通络；加熟地黄滋肾填精补血。全方共奏补肾通络，温经止痛之功。

临证加减：产后身痛多发生在冬季春初寒冷季节。病在产后，与产褥期生理密切相关，总因产后失血过多，气血虚弱不能濡养经脉为其根本。临证治疗应以养血为主，不宜峻投祛风药，宜稍佐宣络之品。若失治误治，症状延续至产褥期以后，即属内科范畴之"痹证"。

典型验案举例

陈某，女，31岁。初诊：1993年4月13日。

现病史：1992年12月29日剖宫产，恶露约3个月始净，产后数日即觉四肢麻木。现身痛，腰以下坠痛，晚上痛醒。白带量中，无臭气，舌质正红，苔少，脉细。现自己哺乳。

辨证：冲任损伤，带脉失约。

治法：补脾气，固带任。

方剂：补中益气汤加减。

炙黄芪 30g	党　参 15g	白　术 15g	山　药 10g
紫河车 10g	当　归 10g	白　芍 10g	龙　骨 20g
陈　皮 10g	炙甘草 6g		

2剂，水煎服，日2次。

二诊：4月15日。现仍觉小腹下坠，腰痛，头昏痛，腰背怕冷，舌质常，脉缓弱。辨证：气虚不摄。方剂：举元煎加味。

| 黄　芪 20g | 党　参 15g | 白　术 15g | 升　麻 10g |
| 桂　枝 10g | 杜　仲 15g | 巴戟天 10g | 炙甘草 6g |

4剂，水煎服。每日1剂，日服2次。

三诊：药后小腹下坠及腰背冷减，腰骶部仍痛，不能站立，舌质红，苔少，脉右弦。辨证：气血两虚，兼有湿热。方剂：举元煎加金银花、红藤、薏苡仁、延胡索。

| 黄　芪 20g | 党　参 15g | 白　术 15g | 升　麻 10g |
| 金银花 15g | 红　藤 15g | 薏苡仁 20g | 延胡索 10g |

按语：患者产后出现恶露不绝，清代《胎产心法》指出："产后恶露不止……由于产时损其气血，虚损不足，不能收摄，或恶血不尽，则好血难安，相并而下，日久不止。"患者产时耗气伤气，加之为剖宫产，耗气伤阴，可致产后气虚不摄，冲任不固，带脉失约，故恶露不绝、腰以下坠痛；四肢麻木、身痛，则为阴血亏少，不能濡养。故用补中益气汤加减治疗。方中主要用黄芪、党参、山药、白术、龙骨益气固摄，紫河车、当归、白芍滋养阴血。

五、杂病证治

1. 盆腔炎

盆腔炎，指女性盆腔内的生殖器官及其周围的结缔组织、盆腔腹膜发生炎症，包括子宫内膜炎、子宫肌炎、输卵管炎、卵巢炎、盆腔结缔组织炎及盆腔腹膜炎等。此乃妇科常见病，以下腹疼痛和白带增多为主症。在中医古籍中并无此病名，只是散在于"热入血室""带下病""产后发热""癥瘕""不孕"等论述中，对其临床特征有所描述。盆腔炎之特点是非行经期下腹部经常疼痛，有时亦表现出与月经有一定的联系，当与"经病疼痛"相区别。曾先生认为引起盆腔炎的原因主要是月经期、产褥期、流产后（包括人工流产）或盆腔手术后并发了细菌感染。根据病程长短、病情的轻重等可分为急性和慢性两种类型。

（1）急性盆腔炎

急性盆腔炎发病急，病情重，传变快。多由经行产后，手术后血室正开，余血未净，湿热内侵，或引动宿疾，与余血相搏，阻滞冲任脉络；或邪毒直中胞宫，客于冲任，化热酿毒，或蕴积成脓。病因以热毒为主，兼有湿、瘀，临床分热毒炽盛证、湿热瘀结证，治则以清热解毒为主，祛湿化瘀为辅。曾先生强调急性盆腔炎治疗务求及时彻底，以免病势加重，危及生命；或遗留后遗症，反复发作，或可导致不孕、异位妊娠等。

①热毒炽盛证

主症：高热寒战，腹痛拒按，咽干口苦，带下量多，色黄或赤白如脓血，质黏稠，臭秽，月经量多或淋漓不净；大便秘结，小便短赤，舌红，苔黄厚，脉滑数。

治则：清热解毒，利湿排脓。

方药：五味消毒饮合大黄牡丹皮汤。

临证加减：带下臭秽如败酱者，加椿根皮、黄柏、茵陈以清热利湿止带；若腹胀满者，加厚朴、枳实以行气；若大便不爽，里急后重者，加槟榔、枳壳清腑通便；月经量多不止者，加地榆、马齿苋凉血止血；盆腔形成脓肿者，加红藤、皂角刺、白芷解毒排脓；腹痛甚者，加延胡索、川楝子行气活血止痛；身热不退者，加柴胡、青蒿退热。若病在阳明，大热、大汗、大渴，面红，恶热，头痛、腹痛，脉洪数者，可选白虎汤加连翘、败酱草、蒲公英。若热入营血，高热神昏，烦躁谵语，下腹痛不减，斑疹隐隐，舌红绛，苔黄燥，脉弦细数者，宜清热解毒凉血，用清营汤。

②湿热瘀结证

主症：下腹部疼痛拒按，或胀满，热势起伏，寒热往来，带下量多、黄稠、臭秽，或经量增多，经期延长，淋漓不止；或恶心呕吐，大便溏或燥结，小便短赤，舌红有瘀点，苔黄厚，脉弦滑。

治则：清热利湿，化瘀止痛。

方药：仙方活命饮加减。

临证加减：月经量多者，加益母草、蒲黄；带下脓样，或盆腔脓肿者，加冬瓜仁、薏苡仁；大便干结者，加生地黄、大黄；腹胀严重者，加广木香、大腹皮；

尿涩痛者，加滑石、甘草梢等。

典型验案举例

李某，女，33 岁。初诊：1992 年 12 月 5 日

主诉：小腹胀痛、腰痛 4 天，加重 1 天。

现病史：患者于 12 月 4 日开始出现小腹胀痛，腰痛，失眠，多噩梦，精神不佳，服中药治疗（具体不详）后效不显。从昨日起症状开始加重，坠胀而痛，腰痛甚，白带量多，色黄，时欲吐，自述曾因腰痛在某院住院治疗。末次月经 1992 年 11 月 24 日，6 天净，量同平素，舌质红，苔黄黑而腻，脉滑数。妇科检查：外阴正常；阴道畅，分泌物量稍多、色黄、质黏稠；宫颈光滑，抬举痛（＋）；子宫正常大小，活动度良好，压痛（＋）；附件压痛（＋）。

诊断：急性盆腔炎。

辨证：下焦湿热证。

方剂：四妙合银翘红薏解毒汤加减。

黄　柏 15g	薏苡仁 30g	苍　术 15g	川牛膝 10g
金银花 15g	红　藤 15g	茯　苓 15g	白　术 15g
连　翘 15g	甘　草 5g		

3 剂，日 1 剂，水煎温服。

二诊：12 月 8 日。服上方后小腹胀痛、腰痛缓解，今日不思食，食后嗳气，欲吐，愁苦面容，小腹胀痛而坠，腰骶痛，苔白，舌质正常，脉滑数。改用异功散合银翘红薏解毒汤加减。

太子参 15g	茯　苓 15g	白　术 15g	连　翘 15g
陈皮 15g	白蔻仁 10g	金银花 15g	红　藤 15g
牡丹皮 12g	栀　子 12g	薏苡仁 20g	延胡索 15g
甘　草 5g			

4 剂，日 1 剂，水煎温服。

三诊：12 月 19 日。服上方后，疼痛基本消失，偶觉下腹不适，久立久行感腰骶部不适，倦怠，时头晕，气短，舌淡暗，苔薄，黄腻，脉细缓。证属气虚血滞，兼有湿热。予归芎六君汤加味。

| 当　归 15g | 川　芎 15g | 党　参 20g | 茯　苓 15g |

白　术 15g　　　　陈　皮 15g　　　　半　夏 15g　　　甘　草 5g

5剂，日1剂，水煎温服。另与银甲片口服以巩固疗效。

按语：《金匮要略·妇人杂病脉证并治》云："妇人中风，七八日续来寒热，发作有时，经水适断。此为热入血室，其血必结，故使如疟状，发作有时。"此文是关于急慢性盆腔炎的最早描述。其病因以热毒为主，兼有湿、瘀。治疗须及时，否则会导致不孕或异位妊娠等病症。本例为急性盆腔炎，湿热侵袭下焦，与气血结，血行不畅，不通则痛，故小腹及腰部疼痛；湿热下注，损伤带脉则带下量多、色黄；湿热困脾，运化失司，故食时欲呕吐；质红，苔黄黑而腻，脉滑数为湿热之邪侵袭之象。故以四妙合银翘红薏解毒汤加减治之。方中四妙散清热燥湿，金银花、连翘清热解毒，茯苓、白术燥湿健脾，红藤活血止痛，共奏清热利湿、化瘀止痛之功。二诊时因湿热日久伤脾，故易方异功散合银翘红薏解毒汤加减，加以健脾，以顾护后天之本，脾气健运则利于清除湿热邪气。三诊以归芎六君子汤益气健脾，巩固疗效，防止其复发，最终效显收功。

（2）慢性盆腔炎

急性盆腔炎如没有彻底治愈，或感染初期症状不重，迁延日久，便转为慢性。临床上患者可仅有下腹部隐痛，或钝痛，时作时止，带下量多，劳则加重；亦可无明显症状，或因不孕就诊，妇科检查时才发现。盆腔炎日久，瘀阻胞宫，结成包块，发为癥瘕。一般预后良好。但应注意与卵巢肿瘤鉴别。由于病程较长，对身体的影响较大，盆腔粘连、输卵管阻塞等导致不孕。

①气滞血瘀证

主症：小腹或少腹经常疼痛，经前乳房胀痛、腹痛较为明显，经色暗红有血块。平时烦躁易怒，胸胁胀满，喜太息，或有嗳气，胃纳欠佳，带下增多，色白或黄，质黏稠，舌质暗红，苔白，脉弦涩沉。

治则：行气活血，祛瘀止痛。

方药：膈下逐瘀汤。乌药、枳壳、香附、延胡索、赤芍、牡丹皮、桃仁、五灵脂、川芎、当归、甘草。

临证加减：平素体质燥热且经量多者，去当归，改用丹参。丹参味苦微寒，能活血祛瘀、清热除烦，兼有抗菌及扩张血管的作用。如肝气郁结明显者，可选加郁金、素馨花，以舒肝止痛；大便不畅者，枳壳改枳实或槟榔，以加强行气通便作用。

②瘀结成癥证

主症：少腹一侧或双侧疼痛，妇检扪及硬块，压痛，拒按；带下或白或黄，大便干结不畅，唇舌暗红或有瘀斑点，脉沉弦。

治法：活血化瘀，散结软坚。

方药：桂枝茯苓丸加莪术、牡蛎、海藻。桂枝、茯苓、桃仁、赤芍、牡丹皮、莪术、牡蛎、海藻。

亦可用《金匮要略》之大黄䗪虫丸。大黄、生地黄、桃仁、白芍、甘草、黄芩、䗪虫、水蛭、蛴螬、虻虫、干漆。

③气虚寒湿证

主症：下腹冷痛，带下清稀；面色苍白，神疲体倦，畏寒肢冷，短气懒言，头晕目眩，口淡纳呆，大便溏薄，小便清长，舌淡、苔白，脉沉细弦弱。

治则：益气温经，散寒止痛。

方药：温经汤（《金匮要略》）。吴茱萸、桂枝、人参、川芎、当归、白芍、半夏、生姜、炙甘草、阿胶、麦冬。

临证加减：下腹冷痛明显者，去牡丹皮、阿胶，加艾叶、破故纸；短气懒言者，去牡丹皮，加黄芪；带下量多、清稀如水者，去牡丹皮、麦冬，加白芷、白术、茯苓。嗳气纳呆者，去阿胶、牡丹皮，加佛手10g，藿香10g；夜尿多者，去牡丹皮、麦冬，加覆盆子、益智仁、乌药；月经少者，加熟地黄、砂仁。

此外，曾先生临证总结治疗盆腔炎中药疗效较好，急性期如能用大剂量清热解毒药，一般八九天可达消炎退热作用，必要时可每天服药2剂，效力较快。慢性者以2~3个月经周期为一疗程，但须分型辨证用药，才易显效。这是中医的特色，不能只辨病而不辨证。

典型验案举例

杨凤，女，26岁。初诊：1992年12月12日。

主诉：人流术后腹痛2月余。

现病史：10月15日行人流术，术后感染，小腹两侧及中央疼痛、有下坠感，白带量多，服银翘红薏汤加味后大减，即未再治。现小腹隐痛，食可，月经量少，舌红，苔微黄，脉细数。

诊断：慢性盆腔炎。

辨证：湿毒夹瘀。

方剂：银翘红薏汤加味。

金银花 15g	连 翘 15g	红 藤 15g	薏苡仁 20g
牡丹皮 10g	山 栀 10g	黄 柏 15g	延胡索 10g
赤 芍 10g	桃 仁 10g	杜 仲 15g	川楝子 10g
枸杞子 15g	甘 草 5g		

5 剂，日 1 剂，水煎温服。

二诊：12 月 22 日。服药后已基本治愈，仅偶见小腹疼痛，忽痛忽止，白带不多，末次月经 11 月 26 日，月经量少，舌尖红，脉弦细。证属下焦湿热，气滞血瘀，易处方为四逆四妙散加减。

柴 胡 15g	白 芍 15g	枳 壳 15g	薏苡仁 20g
黄 柏 15g	苍 术 15g	牡丹皮 15g	红 藤 15g
川牛膝 10g	丹 参 15g	甘 草 5g	

4 剂，日 1 剂，水煎温服。

三诊：12 月 29 日。小腹痛已止，精神可，月经量少，欲调理。食可，眠可，现月经周期第三天，量少，舌红，苔白，脉细弦而数。予上方加减。

柴 胡 15g	白 芍 15g	枳 壳 15g	薏苡仁 20g
黄 柏 15g	苍 术 15g	牡丹皮 15g	川牛膝 10g
丹 参 15g	泽 兰 10g	甘 草 5g	益母草 15g

4 剂，日 1 剂，水煎温服。

按语：慢性盆腔炎与急性盆腔炎不同，急性盆腔炎主要在于热毒、湿热、气滞、血瘀等，而慢性盆腔炎主要在于气滞血瘀或兼夹湿热。是证从湿热、热毒演变成瘀滞，复发率较高，稍有劳累，或饮食不当，情志抑郁、紧张、急躁及感受寒凉等即行发作或加重。治疗多以理气解郁、清热利湿为主，佐以和络止痛，通过系统治疗获得显效。本例患者人流术后身体虚弱，复受感染，正气虚弱加之湿热内蕴，而致小腹两侧及中央疼痛、有下坠感，白带量多，及时服用银翘红薏汤加味后病情缓解，未再进一步调理，而致病情迁延，邪滞不去，故而小腹隐痛，舌红、苔微黄、脉细数，故辨证为湿毒夹瘀证。

慢性盆腔炎最易反复发作。中医学认为冲任督脉同起于胞宫，系于带脉，约束下焦。致病之因，可由于分娩流产、手术创伤，损伤冲任，气血失调；或外感湿热，客于胞脉，留滞下焦而致气血凝滞。慢性炎症的临床表现主要为气滞血瘀，恶血凝结，用清热解毒药物结合活血化瘀，颇有疗效。本案慢性盆腔炎为湿毒夹瘀，拟以金银花、连翘、红藤（即大血藤）清热解毒，黄柏、薏苡仁清利下焦湿热，牡丹皮、山栀、赤芍清热凉血，桃仁、延胡索、川楝子活血化瘀止痛，少佐杜仲、枸杞子补益肝肾。服此药后腹痛明显缓解，带下好转，但经量仍少，舌尖红，脉弦细。故辨证为下焦湿热，肝脾不和。予以四逆四妙散加减清热燥湿，调和肝脾。方中四妙清热燥湿，引血下行；四逆疏肝解郁，调和肝脾；加牡丹皮、红藤、丹参清热活血凉血。服此方后，患者腹痛消失，但见经量少，故在原方上加用益母草、泽兰活血调经。目前中医及西医教材均将本病病名更改为盆腔炎性疾病后遗症，因该病案摘录于曾老原始病案，故仍用原名，特此说明。

2. 不孕症

婚后夫妻同居 2 年，配偶生殖功能正常，未避孕而未受孕者；或曾有过妊娠，又连续两年未避孕而未再受孕均者，称为"不孕症"。前者为原发性不孕，中医学称"全不产"；后者称为继发性不孕，亦即"断续"。

受孕是一个复杂的过程，《素问·上古天真论》云："女子七岁，肾气盛……二七而天癸至，任脉通，太冲脉盛，月事以时下，故有子……七七任脉虚，太冲脉衰少，天癸竭，地道不通，故形坏而无子也。"生殖的根本是以肾气、天癸、男精女血作为物质基础的。女子在一定的年龄阶段，肾气旺盛，天癸成熟，任通冲盛，二脉相滋，若男女生殖之精相搏，则合而成形，发育于胞宫中，即成胎孕。不孕的原因与男女双方有关。女子不孕，除先天病理因素影响外，主要是后天脏腑功能失常，气血失调而致冲任病变。主要病因病机有先天不足、后天失养致使肾虚血亏冲任不足。或素体肝血不足，情怀不畅，忧思郁怒；或因肾虚母病及子与脾病及肝等导致肝气郁结，疏泄失常，气血不调，冲任失和，胞宫不能摄精成孕。素体肥胖或脾肾不足之体，恣食膏粱厚味，导致湿聚成痰，痰湿内蕴，阻滞冲任胞宫，不能摄精受孕。

本病临证必须辨证与辨病相结合。辨证的重点，是审脏腑、冲任、胞宫之病位；辨气血、寒热、虚实之变化；辨病理因素痰湿与瘀血。辨病的重点是注重与不孕症有较大联系的其他疾病。本病的治疗，历代医家均十分重视"调经种子"，因不孕症与月经病的联系尤为密切，又因"肾主生殖"，故种子一般先补肾。治法大抵虚者补益脏腑，填精养血，燮理阴阳，调补冲任；实者当调理气血，化痰祛瘀。凡大苦大寒或辛燥之品皆当慎用，而以甘温咸润柔养之剂为佳。

（1）肾虚证

主症：原发性或继发性不孕，伴有月经量少或月经后期，色暗红而清。或颜色晦暗，精神疲惫，腰膝酸软，或小便清长，或白带清稀，舌淡，苔白润，脉沉迟或沉细。

治则：温肾助阳益精。

方药：加减苁蓉菟丝子丸。肉苁蓉、菟丝子、覆盆子、淫羊藿、枸杞子、焦艾叶、桑寄生、当归、熟地黄、紫河车。

方解：肉苁蓉、菟丝子、覆盆子、紫河车温肾助阳，枸杞子、熟地黄滋养肾阴，覆盆子补精益肾，焦艾叶、当归温精养血，桑寄生益肾通络，使阳旺阴充，则冲任自调而有子。

（2）血虚证

主症：不孕，月经量中，色淡，或经期偏短。伴见颜色苍白或萎黄，或形体消瘦，皮肤不润，头晕目眩，舌质淡，苔薄，脉沉细。

治则：养血滋肾补冲。

方药：养精种玉汤加味。熟地黄、当归、白芍、山茱萸、杜仲、续断、阿胶珠。

临证加减：如食欲欠佳者，酌加党参、白术、茯苓、陈皮以健脾和胃；经期小腹隐痛而拒按者，加丹参、香附；如血虚阴亏，内热血枯者，可兼见唇红颧赤、咽干口燥、五心烦热、骨蒸盗汗、舌红、苔薄或无苔、脉细数，治宜凉血养阴，用清血养阴汤（生地黄、牡丹皮、白芍、黄柏、玄参、女贞子、墨旱莲）；骨蒸烦热者，加地骨皮、青蒿、鳖甲。

（3）肝郁证

主症：婚久不孕，经行双乳小腹胀痛，周期先后不定，经血夹块；情志抑郁不畅或急躁易怒，胸胁胀满，舌质暗红，脉弦。

治则：疏肝解郁，理血调经。

方药：开郁种玉汤加减。白芍、香附、当归、白术、茯苓、天花粉。

方解：当归、白芍养血柔肝，牡丹皮凉血活血，香附开郁行气，白术、茯苓健脾，天花粉生津清热，共奏疏郁平肝益脾之效。

临证加减：胸胁胀满甚者，加青皮、郁金以增强疏郁之效；经前乳房胀痛者，加瓜蒌、白芷；经行腹痛者，加延胡索、益母草；小腹两侧作痛者，加荔枝核、柚子核；梦多失眠者，加炒酸枣仁、合欢皮。

（4）痰湿证

主症：婚久不孕，月经后期，经量多少不一，或白带增多，质黏稠，经行腹痛；形体肥胖，头晕倦怠，胸闷脘满，面目虚浮，心悸，舌暗或紫，脉滑涩。

治则：燥湿化痰，行滞调经。

方药：苍附导痰丸。茯苓、制半夏、陈皮、甘草、苍术、香附、胆南星、枳壳、生姜。

方解：二陈汤燥湿化痰；苍术健脾燥湿；枳壳、香附行气化痰；胆南星清热化痰；生姜、甘草和中。全方重在燥湿化痰以治标。常加淫羊藿、巴戟、黄芪、党参，补肾健脾以治本。

临证加减：呕恶胸满甚者，加厚朴、枳壳、竹茹以宽中降逆化痰；如心悸甚者，加远志化痰宁心安神；痰瘀互结成癥者，加昆布、海藻、菖蒲、三棱、莪术软坚化痰消癥。

典型验案举例

病案一　李某，女，25岁，已婚，成都罐头厂工人。初诊：1984年4月25日。

主诉：行经腹痛7年，婚后2年未孕。

现病史：患者月经16岁初潮，2年后出现痛经，经量多，色紫暗夹块。疼痛时需止痛药缓解。22岁结婚，未避孕。婚后痛经加剧，甚时呕吐痰涎，甚至晕厥。经量增多，腹痛拒按，出血多时反觉痛减。曾服用活血化瘀止痛之品。形态偏胖，平素痰多，性情抑郁，带下量多色白。妇科检查无异常发现。就诊时为经行第一天，量尚不多。舌边有紫点，苔白微腻，脉滑。

诊断：痛经合并不孕。

辨证：气滞血瘀，痰湿郁阻。

治法：经期当理血止痛为先，经后则宽中健脾豁痰、舒肝解郁。

方药：

处方一：四物汤合金铃子散加味。

当　归10g	生地黄10g	白　芍12g	川　芎6g
香　附10g	青　皮6g	元　胡6g	炒川楝子6g
甘　草6g			

3剂，经期服用。

处方二：归芎温胆汤加味。

当　归10g	川　芎10g	枳　壳10g	竹　茹10g
法半夏10g	陈　皮10g	云茯苓12g	葛　根15g
菟丝子20g	香　附6g	甘　草6g	

日1剂，服至下次经行。经行时再改用处方一，3剂。

以上处方连用3个周期。

二诊：10月5日。患者自诉依上法服药3个月后，疼痛明显减轻，月经出血减少，于是继续服药，此后痰少，白带正常。此次因过期10余天尚未经潮，倦怠乏力，恶心呕吐而来就诊。脉滑，苔薄白，舌边仍有瘀点。暂未予药，嘱其次日留晨尿送检，尿检妊娠试验阳性，遂不再服药。

按语： 本例不孕继发于痛经，而痛经属原发性。由于疼痛随月经反复发作，迁延不愈，患者精神紧张，情绪抑郁，以致肝失条达，气机郁结，故血瘀加重，疼痛加剧。肝郁克伐脾土，脾失健运，内生痰湿，久则痰湿与瘀滞搏结，扰于冲、任、带脉，故月经量多、腹痛、白带多、难于受孕。曾先生曰：痰、瘀皆有形之邪气，二者互结为病，随月经周期又有主次之分。故经行乃泄血之余，实为逐瘀之良机，故主以四物金铃以活血化瘀，理气舒肝；经后痰湿为甚，故用温胆配归芎除痰化瘀、利胆通络。如此兼顾，瘀消痰去，冲任气血条达，肝脾痰湿蠲除，故能痛消而有子。

病案二　罗某，女，28岁，$G_1P_0^{+1}$，资阳农民。初诊：1997年7月26日。

主诉：未避孕未孕5年。

现病史：1992年元月结婚，半年后怀孕，3月后因做重活而流产，当时出血不止，约6个小时后做清宫术，第二天即血量减少，20多天后才干净。后未再次受孕。平时月经提前 4~5 天，经期 4~5 天，量稍多（卫生巾 2 包），色黑红，有血块，行经时右少腹窜痛，小腹胀痛。经净后两膝以下酸软疼痛，白带多，透明，黏稠。末次月经 7 月 14 日，纳差，喜食辛辣，口渴喜饮，眠可，二便调。舌质红，苔薄白润，脉两关洪大，两尺弱。

诊断：继发性不孕。

辨证：肝脾气郁，肾气不足。

治法：疏肝解郁。

方药：疏肝化育汤加减。

当　归 15g	白　术 15g	酒白芍 15g	茯　苓 15g
柴　胡 15g	泽　兰 15g	香　附 15g	台　乌 15g
荔枝核 12g	橘　核 12g	甘　草 3g	牡丹皮 10g

5 剂，日 1 剂，水煎温服。

二诊：8 月 15 日。末次月经 8 月 6 日，今经净 3 天，检查后行通水术，推注药液 20mL，推注过程稍有阻力。术后 B 超检查，子宫直肠陷凹积液量增加，术中术后感小腹胀痛。舌质仍淡，苔少而干，脉右关中取大而有力、左寸滑（通水后）。拟养血益肾，佐以疏通气机，予归芍地黄汤加味。

当　归 15g	酒白芍 15g	生地黄 18g	山茱萸 12g
怀山药 18g	白　术 15g	陈　皮 12g	三　棱 15g
莪　术 15g	桔　梗 12g	荔　枝 15g	甘　草 3g

7 剂，日 1 剂，水煎温服。

三诊：8 月 25 日。服上方后无特殊不适，饮食增加，舌质红，苔少，脉寸关弦尺弱。乃肝气偏郁，肾气不足，仍上方加减。

泡　参 18g	云　苓 15g	白　术 15g	当　归 12g
酒白芍 15g	生地黄 15g	菟丝子 15g	丹　参 15g
莪　术 12g	三　棱 12g	香　附 15g	桔　梗 12g
荔枝核 12g	甘　草 3g		

7 剂，日 1 剂，水煎温服。

四诊：9 月 23 日。本次月经于昨晚（22 日）来，量多，色红，有血块，小腹痛 1 次，不久即止。舌质红，脉细尺弱。拟健脾补肾，调理气血。

党　参 15g	炒白术 15g	云　苓 12g	陈　皮 15g
生地黄 15g	山　药 15g	续　断 15g	桑寄生 15g
女贞子 15g	墨旱莲 18g	丹　参 12g	牡　蛎 12g
甘　草 3g			

5 剂，日 1 剂，水煎温服。

五诊：10 月 7 日。现精神可，纳食尚可，腰痛，舌质红，苔少有津，脉细弦尺弱。辨证肾气不足，兼有瘀滞。拟予补肾之中，佐以理气行滞通瘀。六味地黄丸合香棱丸加减。

干地黄 15g	山茱萸 12g	云　苓 15g	山　药 15g
白　术 15g	香　附 15g	三　棱 12g	莪　术 12g
荔枝核 15g	橘　核 12g	路路通 15g	甘　草 5g

8 剂，日 1 剂，水煎温服。

六诊：11 月 21 日。周期 18 天，无特殊不适。舌质红，苔薄微黄，右脉细缓，但寸口滑利，左平，微有心火。拟交通心肾，行气通络。仍前方加减。

泡　参 18g	炒白术 15g	云　苓 15g	陈　皮 15g
生地黄 15g	山茱萸 12g	牡丹皮 12g	泽　泻 15g
莪　术 15g	三　棱 12g	橘　核 15g	甘　草 3g
荔枝核 12g	路路通 15g	香　附 15g	

7 剂，日 1 剂，水煎温服。

七诊：12 月 5 日。本次月经 11 月 29 日来潮，色量常，经期无特殊不适。现为周期第七天，手心热，有汗，舌质红，脉平。拟益气养血，滋肾培元，以促受孕。五子衍宗丸加减。

党　参 18g	炒白术 15g	云　苓 12g	归　身 12g
熟地黄 15g	覆盆子 15g	菟丝子 15g	枸杞子 12g
续　断 15g	桑寄生 15g	杜　仲 15g	怀山药 18g
山茱萸 12g	甘　草 5g	麦　芽 15g	稻　芽 15g

7 剂，日 1 剂，水煎温服。

八诊：1998 年 1 月 2 日。本次月经昨日净，经期 5 天，用卫生巾 1[+] 包，经期无特殊不适。诊得两手脉缓而有力，舌质红，苔少。拟益肾，通络，以促输卵管通畅。方用四二五加减。

生地黄 18g	赤　芍 15g	当　归 15g	川　芎 12g
三　棱 12g	莪　术 12g	橘　核 12g	荔枝核 12g
枸杞子 15g	覆盆子 12g	巴戟天 12g	仙　茅 12g

7 剂，日 1 剂，水煎温服。

九诊：2 月 8 日。本次月经 1 月 28 日来潮，5 天净，经后无特殊不适，舌质红，苔白中微黄，脉右寸滑利、左寸微滑较弱。拟健脾益肾，调理气血。予参术六味加减。

泡　参 18g	云　苓 12g	白　术 15g	生地黄 15g
山茱萸 12g	山　药 18g	菟丝子 15g	枸杞子 15g
桑寄生 15g	续　断 12g	杜　仲 15g	甘　草 3g

5 剂，日 1 剂，水煎温服。

十诊：3 月 12 日。近日因工作忙未来继续诊治，无特殊不适。舌质红，苔少有津，脉寸关有力尺弱。证为肾气不盛。拟五子衍宗丸合二仙加味。

干地黄 15g	山　药 18g	山茱萸 12g	枸杞子 15g
覆盆子 15g	菟丝子 15g	仙　茅 15g	淫羊藿 15g
桑寄生 15g	续　断 15g	杜　仲 15g	甘　草 3g

7 剂，日 1 剂，水煎温服。

十一诊：4 月 18 日。本次月经未来潮，偶感恶心，乳房胀痛，余无特殊不适，舌质红，苔少中有裂纹，脉缓略滑。查尿 HCG（＋）。诊为早孕。嘱其注意休息，予五子衍宗丸合异功散加减健脾补肾安胎。

党　参 15g	云　苓 15g	白　术 15g	熟地黄 15g
枸　杞 15g	菟丝子 15g	覆盆子 15g	杜　仲 15g
桑寄生 15g	巴戟天 12g	陈　皮 15g	

4 剂，日 1 剂，水煎温服。

按语：古有"调经种子"之说，《女科要旨》曰："妇人无子，皆因经水不调。经水所以不调者，皆因内有七情之伤，外有六淫之感，或气血偏盛，阴阳相乘所致。种子之法，即在于调经之中。"该患虽以不孕为主要原因就诊，但其有月经周期或提前或错后的现象，故经调是孕育的先决条件。该患有过妊娠史，不慎流产，后多年不孕，故情怀不畅，肝郁气滞，疏泄失常，气血失和，冲任失调，以致不孕。故当予疏肝化育汤以疏肝解郁，养血健脾。该方乃逍遥散加减化裁而来，加香附行气解郁，牡丹皮、泽兰活血化瘀。因妊娠还必须肾气旺盛，任脉通，冲脉充盈，故其后除疏肝外，还给予补益肾气的治法，佐以通络助孕的治法，经云："肾者主蛰，封藏之本，精所处也。"《圣济总录》又说："妇人所以无子者，冲任不足，肾气虚寒也。"故临床运用益肾通络的治法方药能起到促排卵的作用，药力专功，自然受孕，多年所求，终得如愿以偿。

病案三　刘某，女，30 岁，结婚 11 年未生育。

前 3 年开始月经紊乱，经量减少，但精神饮食基本正常，未注意。第 2 年春季自觉头昏人倦，郁闷善怒，月经停闭，间有白带，经某医院检查，诊断为女性生殖器结核，用链霉素、黄体酮治疗未见效。又转重庆某医院治疗，亦无起色，故来诊。症见头昏耳鸣，心烦易怒，夜不成寐，白带全无，潮热盗汗，皮肤干燥，肌肉消瘦，乳房萎缩，阴道枯涩，性欲消失，舌红无苔，脉象虚数而带弦。此由肝郁气滞，心脾失调，日久血枯，即《内经》所谓"二阳之病，其传为气消者是也"，先以柔肝益阴为治，用生地汤合青蒿鳖甲汤。

4 剂后，潮热烦躁均减，睡眠较好，前方去牡丹皮，加山栀仁、柏子仁、山茱萸。又服 4 剂，潮热更减，但便溏，原方去青蒿、知母、玉竹，加怀山药、莲子以实脾。

上方服 8 剂，食欲增进，便溏已止，潮热退，精神较前愉快，改用滋养肝肾、调理脾胃之法，参术六味丸去泽泻，加丹参、柏子仁、莲子。

服 10 余剂后，精神大增，皮肤已较润泽，妇科检查示阴道萎缩已有改善，原方加胎盘粉作丸服。

两个月后，身体已近恢复，阴道枯萎消失，阴道湿润，有少许白带，睡食均佳。乃予滋肝养肾方中，兼以和血通经。以熟地黄、枸杞子、菟丝子、肉苁蓉、杜仲、续断、酸枣仁、柏子仁、秦当归、川芎、香附、泽兰、丹参出入为方，服 10 余剂，即觉少腹微胀，有少量淡红色液体排出，一天多即止。改用上方去川芎、丹参，加胎盘粉为丸常服，每次 6g，日 2 次，月经由少而趋正常，周期亦恢复。前年其工作单位有同志来成都，闻及已生一女孩。

按语：由于盆腔结核导致不孕症属于顽症痼疾，多见于 20～40 岁生育期妇女。在原发不孕症的妇女中，生殖器结核常为主要原因之一，其导致的不孕，临证多不得愈。本病形成外因多为外感痨虫，内因多为气血虚弱、阴精耗损，表现为正虚邪实之证。该例患者痨虫客于下焦，侵蚀胞宫日久，胞宫胞脉气血运行不畅，且痨虫耗气伤阴，阴液亏虚胞脉失养，故月经延后量少，甚则月事不能以时下，导致闭经；经水不行，不能摄精成孕；头昏耳鸣，夜不成寐，白带全无，潮热盗汗，皮肤干燥，肌肉消瘦，乳房萎缩，阴道枯涩乃阴精亏虚不能濡养清窍、肌肤、乳房、下阴所致；舌红无苔，脉数乃阴血亏虚之征。给予滋阴补血之剂，经过一段时间治疗后阴虚之证有所改善。代药理研究发现，滋阴补虚中药主要是通过增强自身的机体免疫力来实现抗结核的作用。其后出现便溏，乃脾虚之征，加用实脾药物，后继续给予滋养肝肾、调理脾胃之法调治，加用胎盘粉补肾填精养血，经过数月治疗后月经恢复正常，并出现氤氲之征，摄精成孕，最终告愈。

病案四 何某，女，30 岁，G_1P_1，个体户。初诊：1999 年 7 月 23 日。

主诉：继发不孕 3⁺ 年。

现病史：华西医院检查"卵巢输卵管粘连"，并于 1998 年 10 月 23 日做盆腔分粘术，术后一周出院，出院前行子宫输卵管通液术，提示"通畅"；出院后，11 月 29 日月经来潮，量极少，色黑。平时神疲乏力，纳眠欠佳，其后月经量更为逐月减少，末次月经于昨日（7 月 22 日）来潮，量仍少，色黑，晚上量稍多如血旺样。今日又很少，小腹部有坠胀感，特来要求服中药调理。舌质红，苔白中微黄，脉细无力尺弱。

诊断：不孕症。

辨证：肾气不足，冲任损伤。

治法：补肾气调冲任。

方剂：苁蓉菟丝子丸加减。

生地黄 18g	山 药 15g	云 苓 15g	山茱萸 12g
菟丝子 15g	当 归 15g	赤 芍 12g	党 参 15g
白 术 15g	升 麻 15g	丹 参 15g	甘 草 3g
香 附 15g	续 断 15g	桑寄生 15g	

7 剂，日 1 剂，水煎 2 次温服。

二诊：7 月 31 日。服药后胃不适，舌质红，脉细寸关平、尺弱。拟前方中佐以扶脾。

党 参15g	白 术15g	云 苓15g	陈 皮15g
生地黄20g	白 芍15g	续 断15g	桑寄生15g
菟丝子15g	淫羊藿15g	丹 参15g	升 麻15g
甘草3g			

8剂，日1剂，水煎2次温服。

三诊：8月24日。此次服药后未感胃不适，月经8月19日来潮，量稍增加，色转红，血块明显减少，经前乳房胀痛明显，舌质淡红，苔薄，脉弦细寸关平、尺弱。仍在前方基础上化裁。

党 参18g	白 术15g	云 苓12g	陈 皮15g
丝瓜络15g	白 芍15g	续 断15g	桑寄生15g
菟丝子15g	淫羊藿15g	丹 参15g	荔枝核15g
甘 草3g			

4剂，日1剂，水煎2次温服。

四诊：10月1日。上次月经8月份来，现40多天未潮，无特殊不适。以往经期乳房胀痛，有胃痛史，舌质红，苔少，脉两寸均有滑象、尺仍弱，查尿HCG（＋）。诊断：早孕。拟益气和胃，佐调益肾。

泡 参18g	炒白术15g	云 苓12g	陈 皮15g
酒白芍15g	黄 芩15g	生地黄18g	菟丝子15g
续 断15g	桑寄生15g	甘 草3g	

按语： 由于输卵管炎症粘连，引起输卵管阻塞不通，阻碍卵子与精子相遇而致不孕；盆腔炎性疾病、盆腔子宫内膜异位症，也可使输卵管粘连扭曲而造成不孕。此例卵巢输卵管粘连分离术后，冲任受损，致使月经量极少；倦怠无力，小腹坠胀系脾气不足，升提无力，故治以补肾气调冲任，佐以健脾升提，资气血生化之源，脾健肾充，则冲任得养，月事如常。经前乳房胀痛明显，加丝瓜络、荔枝核等疏肝散结通络之品为治，待肝之疏泄得常，肾精得充，故而可有子。

3. 阴挺

阴挺，是指子宫从正常位置沿阴道下降到坐骨棘水平下，甚至坠出阴道口外。本病发生的原因是中气虚弱，失于升举；或肾气不足，无力系胞，而致下脱；也可因肝经湿热至阴部红肿热痛者。至于诱因则有分娩用力、劳力过度、便秘努责、久咳伤肺、多产房劳等。临证有气短神疲、小腹空坠为气虚；腰肌酸软、小便频数为肾虚。治法应本《内经》"虚则补之，陷者举之"的原则以补气升陷为主。

（1）气虚证

主症：子宫下坠于阴道口内，或部分坠出阴道口外，甚至全部坠出，大如鹅卵。自觉精神疲惫，心悸气短，白带量多，舌质淡，苔薄，脉浮而虚。

治法：补中益气，升阳举陷。

方药：补中益气汤。

临证加减：兼血虚者，加熟地黄、枸杞子以滋补营血；腰酸胀者，加续断、杜仲、桑寄生以固肾气，强腰膝；白带多而质清者，加鹿角霜、乌贼骨以稳固任督。

如坠出之子宫，因摩擦损伤，而出现红肿溃烂、黄水淋漓、外阴肿痛、发热口渴、溲赤而痛等症。轻者补中益气汤加黄柏、茵陈、土茯苓、金银花等清热利湿药；重者用龙胆泻肝汤，待红肿溃痊愈后，再予补气升提为治。

（2）肾虚证

主症：子宫脱垂，伴腰肌酸软，小便频数，或阴道干涩不适。头晕耳鸣，舌质淡，脉沉弱。

治法：温阳益气，滋肾养血。

方药：大补元煎加鹿角胶、紫河车、升麻、补骨脂、益智仁。人参、山药、熟地黄、炙甘草、炒杜仲、当归、山茱萸、枸杞子、鹿角胶、紫河车、升麻、补骨脂、益智仁。

方解：人参大补元气；杜仲、山茱萸、枸杞子补肝肾，益精血；鹿角胶、紫河车填补精血而有温润助阳之功；补骨脂、益智仁温肾壮阳而缩小便；当归、熟地黄养血益阴；山药、炙甘草和中健脾，佐以升麻以升提元气。

（3）肝经湿热证

主症：妇女子宫脱出，阴部红肿热痛，小腹坠胀。心烦多怒，胸胁满，口苦咽干，大便秘，小便赤，手足发烧，面红，舌赤苔黄，脉象弦滑数。

治则：清热利湿。

方药：龙胆泻肝汤。

阴挺主要是由虚而致。根据"胞络系于肾""冲任之本在于肾"的理论，临证施治不仅要补中益气，还要注重补肾固冲，重用黄芪、党参、杜仲、菟丝子、金樱子等，方可达到升提之效，否则收效甚微。脱出日久，特别是红肿溃烂者，可配合外用药：百部、鹤虱、蛇床子、雄黄、芜荑各 15g，乌梅 10g，枯矾、黄柏各 5g，熬水滤过洗患处。

典型验案举例

黄某，女，64 岁，初诊：1992 年 12 月 29 日。

主诉：发现外阴肿物脱出半月。

现病史：自觉外阴肿物脱出，卧后可自行还纳，精神稍差，尿频，时有夜尿 3 ~ 4 次，平时畏燥药，口干欲饮，舌红干，苔少，脉细数。妇科检查：外阴见宫颈下垂，宫颈外口位于阴道口；阴道畅；宫颈光滑；子宫萎缩，前位，无压痛；附件（ – ）。

中医诊断：阴挺。西医诊断：Ⅱ度子宫脱垂。

辨证：气阴两虚证。

方药：沙参麦冬汤加减。

南沙参 15g	麦　冬 10g	天花粉 15g	玉　竹 10g
山茱萸 15g	续　断 15g	枸杞子 15g	芡　实 15g
金樱子 15g	生甘草 3g		

6 剂，日 1 剂，水煎温服。

同时，嘱患者保持外阴清洁，常进行盆底肌肉锻炼，收缩肛提肌，每次 10 ~ 15 分钟，每天 2 ~ 3 次。加强营养，改善体质，多卧床休息，避免重体力劳动，积极治疗咳嗽、便秘等引起腹压增加的疾病，以利康复。

二诊：1993 年 1 月 5 日。药后有好转，小便频数亦减，精神可，舌红苔白，有裂纹，脉弦数。

辨证：气阴两虚，以气虚为主。

方剂：生脉合补中益气汤加味。

| 麦　冬 15g | 五味子 15g | 南沙参 15g | 黄　芪 15g |
| 白　术 15g | 柴　胡 10g | 升　麻 10g | 金樱子 15g |

续　断 15g　　　　　山茱萸 15g　　　　　　甘　草 5g

6 剂，日 1 剂，水煎温服。

三诊：药后基本治愈，劳累时觉小腹下坠，精神可，舌红苔黄，前半剥脱，仍予前方以巩固疗效。

按语：患者年已花甲，脾肾两虚，中气不足，冲任不固，带脉弛纵，无力系胞，而致子宫脱出；脾虚失约，肾虚失摄，故小便频数、夜尿多。且患者平素畏燥药，口干欲饮，为阴液亏虚之象，结合舌苔脉象，故辨证为气阴两虚之证。予以沙参麦冬汤养阴生津，益气固脱。《景岳全书·妇人规》描述阴挺的临床特征为"妇人阴中突出如菌、如芝，或挺出数寸"，提出"当以升补元气，固涩真阴为主"。同时，嘱患者注重平时的调摄和锻炼，以改善体质，避免诱发因素，预防病情加重或再发。

一、提出虚实为纲、肝脾肾为目，阐述月经失调病理

《黄帝内经》中女子"二七而天癸至，任脉通，太冲脉盛，月事以时下"之旨，阐述了月经的生理状况，并开始对月经病有了初步的认识，至《证治要诀》中提到"其有或先或后，或少或多，或欲来先病，或遇来而断续，皆谓之不调"。月经失调是妇科疾病的重要组成部分，包括了月经周期、经期、经量、经色、经质的异常改变，其中以周期改变为主的有月经先期、月经后期、月经先后无定期；以经期改变为主的有经期延长；以经量改变为主的有月经过少、月经过多。其期、量、色、质的异常往往与脏腑、气血之虚、实、寒、热交错出现有关。如先期者多热，亦可因气虚；后期者多寒，亦可有血瘀。经量之多可由水火俱盛，亦可气虚失摄；经量少可因水亏，亦可血滞不行。又如经色之深浅明暗，经质之稀稠黏薄，均与脏腑虚实寒热相关。而脏腑之实热、实寒属"实"，脏腑之虚热、虚寒属"虚"。故从脏腑论治月经失调，提出"虚实为纲"。

以虚实为月经失调分类：月经失调的实证尽管由于病邪的性质及病位不同，表现不一，但一般具有胀、痛、拒按、脉实有力等特点，其胀、痛多在经前或经行之初，经色多深，经质多稠，或有血块，或见秽臭，全身证候亦多实象。月经失调的虚证则一般以经血之暗淡，经质之稀薄无块，无胀，无痛（或隐痛喜揉喜按，痛在经行之后或经尽之后），脉虚无力为特点。全身证候亦多虚象。

以虚实分析月经失调与肝脾肾的关系：①与肝脏的关系。肝为刚脏，体阴而用阳。肝之虚证多见肝血、肝阴之不足；肝之实证则多由气火有余，疏泄太过致肝血不藏，或由情志抑郁及寒邪客忤而疏泄不及，气滞血瘀所致。由于肝血虚、肝阴虚形成根源主要在于经血的生化之源，即脾肾两脏。故肝对月经失调的影响，主要责之疏泄太过或不及，血海藏泄失度，气血运行贮藏调节失常之实证。②与脾脏的关系。脾为后天之本，气血生化之源，脾病虽多而以虚证常见。脾虚或气血生化不足，血海无蓄，经源无继；或气虚裹护无力，经血失于统摄，血溢脉外而血失。故脾对月经失调的影响，主要是脾之化源不足或摄纳无权而形成的

虚证。③与肾脏的关系。肾为先天之本，阴阳水火之宅，又为藏精之所。元阴以滋五脏之阴气，元阳以煦五脏之阳气，肾精化生元阴元阳及天癸。"肾气盛，天癸至，任脉通，太冲脉盛，月事以时下；肾气虚，天癸竭，任脉虚，太冲脉衰少，地道不通。"故肾对月经失调的影响，主要是肾之精、气、阴、阳之虚。

而调经之法，如《妇人秘科》所言："大抵调经之法，热则清之，冷则温之，虚则补之，滞则行之，滑则固之，下陷则举之。对证施治，以平为期。"张景岳归纳提出"调经之要，贵在补脾胃以资血之源，养肾气已安血之室""调经之法，但欲得其和平"。和则气血不乖，平则阴阳不争，阴平阳秘，气血调畅，经病自愈。以虚实认识月经失调的脏腑论治，临床常用调经法则有调肝、扶脾、补肾等，曾先生简明归纳为"实重治肝，虚补脾肾"。肝之失常，疏泄不及则气滞血瘀；疏泄太过则气火有余，肝血不藏。二者皆影响气血运行，与月经失调的各种实证有关。调肝在于调节肝之疏泄，故恢复肝之疏泄功能，太过者则折之，不行者则疏通之，本质上统属"泻实"之治。而脾、肾功能之失调，则主要是先、后天化源不足，经血之物质基础，气、血、精、液之亏虚，从而发生月经失调的多种虚证。恢复脾肾之正常功能，扶脾在于益血之源，补肾在于养先天以固本，不足者补益之，虚弱者强壮之，又属"补虚"之范畴。曾先生这些精辟的见解，将临床见症多端的月经失调病证首分虚实，再由虚实联系脏腑，最后落实到以脏腑虚实治本调经，实为月经失调辨证论治的一大纲要。这种月经失调"实多责肝，虚由脾肾"，及月经失调"实重治肝，虚补脾肾"的观点，推而广之，用于调治月经疾病，无论是妇科医师，或是其他科的中医医师治疗妇女月经疾病，均易于接受，便于运用，且收效于临床。

二、完善妇科病的病机学说

经络内属脏腑，外络肢节，沟通内外，联络上下，传递信息，协助气血之运行，营养周身，使人体各组织器官联为一个有机的整体。人体的经络，有正经、奇经、经别、络脉、经筋。其中与女性生理有密切关系的，是奇经中的冲、任、督、带四脉。

冲、任、督、带是奇经八脉的重要组成部分。奇经在人体的作用是贮存十二经脉所运行的气血，又输出以供十二经脉和脏腑的需要。而冲、任、督、带四脉又与女性的经、带、胎、产等生理功能有密切关系，其中以冲、任二脉更为重要。冲任的功能活动，是维持女性生殖生理功能的重要本源，其功能主要是对十二经脉气血的运行起着蓄溢调节的作用，将脏腑所主的精、气、津、血输注于子宫，使之有规律地蓄纳精气，定期排出经血。

冲脉：冲为十二经脉的要冲，故以冲脉为名。起于胞中（即小腹正中），下出于会阴，上行于脊柱之内；其外行者经气冲穴（亦名气街）与足少阴经、足阳明经交会，胃为水谷之海，乃多气多血之腑，故有"冲脉附丽于阳明"之说，沿腹部两侧上达咽喉，环绕唇口，与肾经相并。它一方面受先天肾气的支持，另一方面受后天水谷精气之滋养，故先后天之气皆汇于冲脉，对维持妇女特殊生理起着重要的作用。女子到了 14 岁左右，肾气始盛，则肾中之元阴——天癸至于冲脉，使之聚脏腑之血而充于血海，为月经之源流。冲脉又能调节十二经之经气，以资助十二经之活动。《灵枢·逆顺肥瘦》篇说："夫冲脉者，五脏六腑之海也……其上者，出于颃颡，渗诸阳，灌诸经……其下者，并于少阴之经，渗诸阴……渗诸络而温肌肉。"说明冲脉与三阴三阳取得联系以调养十二经，并滋润、温煦十二经。故《内经》称冲脉为"十二经之海"，王冰径称"冲为血海"。妇女以血为本，月经是以血为用，故冲脉盛，是月事以时下的重要条件。女性在身体发育成熟后，冲脉大盛，脏腑气血下注血海，血海满溢而为月经。《景岳全书·妇人规·经脉之本》中说："经本阴血，何脏无之？惟脏腑之血皆归冲脉，而冲为五脏六腑之血海，故经言太冲脉盛，则月事以时下，此可见冲脉为月经之本也。"正说明冲脉的盛衰与月经的来潮或停止，有着重要的作用。冲脉上行出于足阳明经的气冲穴，与胃的经脉相通，同司乳汁的生化。因此，冲脉在女性的生理方面，与月经、妊娠、乳汁等均有密切关系。

任脉：任，有任养和担任之义。任脉也是起于胞中，下出于会阴部，向前上行于毛际，沿腹内上行，经关元等穴上达咽喉部，再上行而环绕唇口，经过面部进入目眶下。任脉与全身阴脉会于膻中穴，主一身之阴经，为阴脉之海。凡精、血、津、液均属任脉所司，为女子生殖生理的任养之本。任脉之气通，则子宫具有蓄溢精血之功能，血海充盈，冲任协调，就使月经如期，而有孕育之可能。在天癸的作用下，任脉所司之精、血、津、液均趋于旺盛；冲脉则广聚脏腑之血，并下注于子宫，使月经来潮。由于任脉起于胞中，循行于腹部正中，王冰说："冲为血海，任主胞胎，二脉相资，故能有子。"此正说明了任脉在女性生理方面的作用。任脉主司阴液，又与胞宫相连属，因此，白带的生成与任脉也有密切关系。

"冲任"的生理功能与胞宫的生理功能密切相关，胞宫乃月经产生及孕育胎儿的脏器。张景岳说："月经之本，所重在冲任。"《诸病源候论》说："月经不调为冲任受伤，月水不道为冲任受寒，漏下乃冲任虚损。"《傅青主女科》说："血海太热则血崩，寒湿搏结冲任则病痛经。"《医学衷中参西录》说："血瘀冲任则可闭经。"《圣济总录》说："冲任不能循流，血气蕴积，冷热相搏，故成带下也。"《临证指南医案》说："产后淋带，都是冲任奇脉内怯，最有崩漏劳损淹缠之虑。"《妇人大全良方》说："妇人病有三十六种，皆由冲任劳损而致。"徐灵胎亦说："冲脉为血海，女子经水及带之事，全赖乎此，不可别生治法，若余经并无别有他药专治者也。"明·张景岳《景岳全书》言："脏腑之血，皆归冲任，而冲为五脏六腑之血海……此可见冲脉为月经之本也。"综上，对于女性来说，冲任的主要生理功能是维持女性正常经、带、胎、产、乳的必要条件。

冲任在肾的主导和天癸的作用下，"二脉相资"，灌注气血以传输肾气，携带天癸，联系诸经，构成女性经、带、胎、产、乳的生理特点。冲任机体活动直接关系女性生殖生理的发生、控制与调节，若冲任失调则引起妇科疾病。徐灵胎《医学源流论·妇科论》曰："冲任二脉皆起于胞中，上循背里，为经络之海，此皆血之所从生，而胎之所由系。明于冲任之故，则本源洞悉，而后所生之病，千条万绪，可以知其所起。"可见冲任与妇科疾病的关系密切，冲任二脉在妇女生理功能活动中处于核心地位，冲任损伤又是导致各种妇科疾病的重要因素。

冲任与女性月经、胎孕的关系，虽历代皆有载之，而入奇经八脉之药亦有文字可查。但深化、丰富"冲任"内涵，则推曾先生。曾先生作为中华人民共和国成立后的中医妇科学科的创建者之一，其潜心钻研而提出的"冲任学说"至为宝贵。她的冲任学说，让后学者明白了冲任实指女性生殖生理有关的组织、器官，冲任损伤实指女性生殖生理功能的失常。调理冲任恢复正常的生殖生理活动，应根据虚、实、寒、热选用或温补冲任，或滋补冲任，或调理冲任行滞气，或通冲任逐瘀血，或温冲任散凝寒，或凉冲任清血热，即言"冲任"则有所指，调"冲任"则有其药。由此亦将妇科有别于其他各科之处充分表述出来。

曾先生在中医妇科学的发展史上，首次明确提出"冲任损伤是妇科病的主要病位""致病因素只有在直接（不当的手术、暴力外伤、异物等损伤胞宫），或间接（肾肝脾病变的影响）损伤冲任二脉的情况下，才有可能发生经、带、胎、产等妇女特有的疾病"，进而指出"妇女病，位在冲任二脉，源于肾肝脾三脏"，完善了妇科疾病的病机学说，并治予补肾、调肝、健脾和胃、调理冲任。四法中又以补肾、调冲任为主。以此指导临床，应手辄效。她善用归肾丸、左归丸、右归丸、一贯煎、滋水清肝饮、四物汤、逍遥散、龙胆泻肝汤、参苓白术散、四君子汤、归脾汤、举元煎等名方古方，并随症配以调冲任之品：如温补冲任药物，有巴戟天、菟丝子、仙茅、淫羊藿、覆盆子、肉苁蓉、鹿角胶、紫河车等；滋补冲任药物，有枸杞子、山茱萸、制首乌、熟地黄、阿胶、龟甲胶、鳖甲、女贞子、桑椹等；理冲任、行滞气药物，有香附、乌药、木香、素馨花、橘核、荔枝核、王不留行、槟榔、枳壳、三棱、莪术等；通冲任、逐瘀血药物，有红花、桃仁、丹参、川芎、红泽兰、凌霄花、五灵脂、水蛭、虻虫、土鳖等；温冲任、散凝寒药物，有吴茱萸、桂枝、艾叶、小茴香等；凉冲任、清血热的药物，有牡丹皮、地骨皮、生地黄、赤芍、黄柏、知母、芦荟等。

三、以冲任不固、不盛、失调、阻滞四证统率月经不调诸症

对月经不调的类证，曾先生以病位为主综合病因病理及临床特征，分为冲任不调、冲任不盛、冲任失调、冲任阻滞四证，以之统率月经不调诸症，从而使临床见证繁多的月经不调得以归类。对教材上月经不调 6 个疾病的 19 个分型论治起到了执简驭繁的作用。

1. 冲任不固证

每以月经提前、经量过多为主症。

如肾阴不足，虚热内生而冲任不固者，主以杞菊地黄丸去茯苓、泽泻，加女贞子、墨旱莲，以"滋肾固冲"。经量过多或经期延长者，加大蓟、小蓟、生地黄炭、贯众；腰骶酸痛，足跟热痛者，加续断、桑寄生、地骨皮养肝肾，清虚热；失血过多，气短怔忡者，加太子参、黄芪、生牡蛎等益气摄血固冲。

如系脾气虚弱，统摄无权而冲任不固者，主以举元煎加味，以"补脾举阳，摄血固冲"。经量过多者，重用人参（太子参）、黄芪，酌加阿胶、龙骨、牡蛎、乌贼骨、山茱萸固涩止血；经期延长、淋漓难尽者，加当归、熟地黄、茜根炭、乌贼骨养血止血；经血暗红，质稀薄，或如烟尘水，腹冷喜暖者，加焦艾叶、炮姜炭温经止血。

如因郁怒伤肝，疏泄过度而冲任不固者，主以清肝达郁汤（焦山栀、生白芍、归须、柴胡、牡丹皮、炙甘草、橘白、薄荷、菊花、生橘叶）加味，以"清肝解郁，凉血固冲"。经量多者，去归须，加黑荆芥、炒地榆、贯众清热止血；经期延长，量少淋漓者，加茜根炭、炒蒲黄活血止血。

如因血热妄行，冲任不固者，主以知柏四物汤加味，以"清热凉血固冲"。月经提前者，去川芎、当归，加牡丹皮、地骨皮、续断，熟地黄改为生地黄滋肾凉血；经量过多或经期延长者，重用生地黄，加大蓟、小蓟、槐花、地榆、贯众、荠菜凉血止血；经色紫黑，质稠黏有秽臭，小腹胀痛者，去知母，重用生地黄，加黄连、黄芩、金银花、红藤、蒲公英、败酱、薏苡仁、连翘、桃仁、红花、益母草清热解毒，活血止血。

2. 冲任失调证

以月经周期先后无定为主症。

如因肾气不足，藏泄失司者，主以右归丸去肉桂、附子，加巴戟天、淫羊藿，以"补肾气，调冲任"。

如因郁怒伤肝，疏泄失调者，主以逍遥散去煨姜、薄荷、甘草，加青皮、郁金、香附，以"疏肝解郁，调理冲任"。经来夹有血块，小腹痛甚者，加延胡索、生山楂活血化瘀止痛。

如脾气虚弱，生化不足，统摄失职者，主以四君子汤加减，以"益气健脾，调理冲任"。经量过多，经期提前为主，小腹空坠者，加升麻、黄芪、乌贼骨升阳益气，摄血固冲。经量过少，经期延后为主者，加砂仁、木香、陈皮、当归尾、白芍、生姜、大枣建运脾气以生化气血。

3. 冲任不盛证

常以月经后期，月经量少为主症。

如肾阳不足，肾气不充者，主以加减苁蓉菟丝子丸，以"补肾气，益冲任"。

经色暗淡，小腹不温者，如巴戟天、仙茅、鹿角胶温肾阳，补冲任。

如肾阴不足，水亏血少者，主以六味地黄丸去茯苓、泽泻，加枸杞子、女贞子、墨旱莲、龟甲胶、制首乌以"滋肾阴，益冲任"。

如脾失健运，化源匮乏者，主以香砂六君子汤加怀山药、扁豆，以"补脾肾，养冲任"。

如营血亏虚，血海不盈者，主以小营煎加黄芪，以"益营血，填冲任"。

4. 冲任阻滞证

仍以月经后期、月经量少为主症，但伴随症状常为实证。

因肝气郁滞、疏泄不及而冲任阻滞者，主以乌药汤加青皮、郁金，以"疏肝理气，调理冲任"。经血夹块者，加川芎、丹参理冲活血；经色暗红，小腹冷痛者，加吴茱萸、艾叶温冲止痛；经色深红者，加牡丹皮、山栀子清肝泻热。

因寒凝血瘀，冲任阻滞者，主以桃红四物汤去地黄，加姜黄、莪术、肉桂、艾叶，以"温经活血，调理冲任"。小腹痛甚者，加延胡索、五灵脂、蒲黄活血化瘀，调冲止痛。

由上可见，曾老对月经不调诸症的治疗，先确立属冲任不固，或不盛，或失调，或阻滞，后纳入脏腑辨证、气血辨证，究其肝脾肾之虚实或血气之寒、热、虚、实（瘀、滞）论治，再依据月经期、量、色、质的变化，遣药组方，使月经不调之传统分型论治，上升到突出病位的类证论治，实为月经疾病研究过程中不可多得的宝贵经验。而这种从泛泛之中揭出纲要的研究方法，亦不失为后学者治学之一要领。

四、披沙简金识瘀血，审时度势巧治疗

《说文》解释："瘀，积血也。"《黄帝内经》对血瘀的原因、证候已有了较系统的认识，《素问·至真要大论》提出了"梳其血气，令其调达，而致平和"。《素问·阴阳应象大论》提出"血实者宜决之"的活血化瘀治疗原则，开始了对瘀血学说的研究。汉代张仲景继承了《黄帝内经》理论，结合自己的临床实践，大大发展了瘀血学说，并创制了桂枝茯苓丸、下瘀血汤、桃仁承气汤、抵挡汤等10多个活血化瘀经方，奠定了后世研究活血化瘀药物的坚实基础。后世医家中，

清代王清任对瘀血学说贡献很大，在其所著的《医林改错》中创制活血化瘀为主的方剂 33 首方，主治瘀血病证 50 多种，大大发展了瘀血学说。川派名医唐容川《血证论》进一步明确提出"离经之血……是谓瘀血"，在治法上把消瘀作为治血四法之一提出，不断深化了瘀血学说。瘀血学说以及活血化瘀法，是中医学理论的重要组成部分，广泛运用于临床各科。

妇女有经、带、胎、产、乳的生理功能，均是通过经络、脏腑、气血、天癸协同作用而表现，而妇女的经、带、胎、产、乳生理特点均以血为本，曾先生认为妇科瘀血证是由于多种原因导致的女子特有的一组辨证为瘀血或夹有瘀血的病证，它的发生贯穿于妇女经、带、胎、产、乳各个生理阶段，瘀血阻滞为妇科最常见的发病机制。妇女以血为本，凡经、带、胎、产诸病，不论寒、热、虚、实，最后均可导致瘀血阻滞。瘀血形成以后，又可阻滞气血运行，造成脏腑经络、四肢百骸、冲任胞宫等器官功能失常，导致多种妇科疾病，唐容川说："女子胞中之血，一月一换，除旧生新，旧血即瘀血。"因此，曾老在临证治疗月经失调、闭经、崩漏、月经过多、癥瘕、不孕等妇科疾病时，也特别注重活血化瘀方法的应用。

1. 妇科瘀血产生的原因

（1）内伤七情致瘀气为血帅，气行则血行，气滞则血瘀。凡精神因素尤其情志抑郁，肝气不舒，脏腑失和，气机阻滞，均可导致机体气机逆乱，气滞而血瘀。故《医宗金鉴》云："血之凝结为瘀，必先由于气聚。"《妇人大全良方》也说："血气宜行，其神自清。"此外，"久病入络"，病邪久留，导致气血运行失畅，继而致瘀。

（2）外感六淫致瘀六淫邪气侵犯人体后影响人体气血的运行，尤以寒邪为甚。寒为阴邪，其性收引，凝涩，易伤阳气，影响血液运行，因寒作瘀。《校注妇人良方》云："寒气客于血室，血凝不利。"此外，因感受热邪，或气郁化火，营血被灼，干涸成瘀。如《金匮要略》云："热之为过，血为之凝滞。"《医林改错》亦云："血受热则煎熬成块。"

（3）多产房劳致瘀妇女孕产过多、过频，容易导致气血受损，冲任失调。气为血之帅，血为气之母。血液的运行，全赖气的推动。《医林改错》云："元气既虚，必不能达于血管，血管无气，必停留而瘀。"故一旦脏腑功能低下，阴阳气血失调，气虚鼓动力量薄弱，而致血行迟滞，凝滞，进而成瘀。因此，有"久病多瘀"之说。

（4）跌仆外伤或手术致瘀外伤、跌仆、手术是产生瘀血的原因之一，可以直接损伤胞脉、胞络、胞宫，影响血液流行而致瘀血。

（5）出血留瘀妇科各种出血性疾病均可致瘀。出血后，离经之血残留体内，而成为瘀血，《血证论》曰"离经之血……是谓瘀血"即为此证。

2. 妇科瘀血证的临床特点

（1）**月经不调**：瘀血阻滞胞脉、胞络和胞宫，可引起月经的异常，表现为周期改变，先后无定；经血紫红或暗黑，质稠夹有瘀块；经量多或过少；淋漓不净或经闭不行。

（2）**疼痛**：王清任认为："凡肚腹疼痛，总不移动是瘀血。"瘀血阻滞经络，气血运行障碍，造成血脉不通，不通则痛。瘀血所致疼痛的特点为刺痛、胀痛，痛有定处，拒按，反复发作。妇科疾病作痛者，如痛经、热入血室等引起的腹痛，多为瘀血阻滞。朱丹溪说："经水将来作痛者，血实也。"

（3）**癥瘕**：瘀血内居可致癥瘕。《内经》曰："寒气客于子门……恶血当泻不泻，衃以留止，日以益大，状如怀子，月事不以时下。"唐容川说："瘀血在经脉脏腑之间，结为癥瘕。"瘀血阻滞经脉，久而结为癥积包块，按之坚硬，固定不移，如子宫肌瘤、卵巢囊肿等盆腔肿块，主要系瘀血内结而成。

（4）**口渴唇干**：瘀血所致的口渴为口干而不欲饮，漱水而不欲咽。如《血证论》曰："瘀血在里，则口渴，所以然者，血与气本不相离，内有瘀血，故气不得通，不能载水津上升，是以发渴，名曰血渴，瘀血去则不渴矣。"

（5）**面色晦暗**：妇女血瘀日久可见面色晦暗，甚至青紫、黧黑、面部色斑，或经前面赤，经后消退，目眶眼胞晦暗而黑。《金匮要略》曰："内有干血，肌肤甲错。"《难经·二十四难》也指出："手少阴气绝则脉不通，脉不通则血不流，则色泽去，故面色黑如黧。"

（6）**出血**：因瘀血未去，新血不生，出血淋漓不断，色暗红，夹有血块，或突然量多阵下如崩等。

（7）**发热**：多为热入血室，或产后瘀阻所致，多见于经期或产后发热。发热特点如《金匮要略》曰："妇人中风……热入血室，其血必结，故使如疟状。"

（8）舌脉：舌质青紫，舌边有瘀斑、瘀点，舌下脉络曲张，色瘀暗，脉弦涩。

3.对妇科瘀血证的认识

（1）瘀血证形成，病因复杂，临床表现变化多端，故临证唯有正确地运用中医四诊方法诊病辨证识症，才能有的放矢地进行治疗。曾老在临证中强调通过询病因、问不适、察神色、看舌象、听声音、闻气味、按胸腹、切脉搏以探寻反映瘀血产生本质的线索，从患者面部、毛发、耳轮、鼻部、口唇、舌质、皮肤、眼部、爪甲等部位的细微变化，发现瘀血证的客观指征，为治疗提供主观和客观依据，方能奏效。

（2）论治过程中，如能详审病机，根据患者的体质强弱、病邪的深浅、瘀血的轻重，在活血化瘀的方药中适当配伍补气、益血、养阴、理气、清热、温里等药物，灵活掌握，恰中病机，方能收到良好的效果。

（3）瘀血证病因病机涉及脏腑经络、气血阴阳，临证应根据病因病机的变化、病情轻重、病程长短、邪正虚实的程度，严谨地选择活血化瘀药物，一旦瘀血证消退或消除，即减少或停止使用化瘀药，注意扶正固本，根据患者的脏腑虚损程度，给予补气、补血、健脾、补肾等药物，调整机体脏腑功能，巩固疗效。活血化瘀法在妇科临床的运用要恰当，不宜滥用，尤其对于孕妇或有生育要求未避孕妇女，更应禁用和慎用。

五、主张以"既要治病，又要安胎"为原则论治妊娠病

曾先生认为妊娠疾病的发病机理，主要源于母体之血虚气盛特点。而胎儿生长发育，新陈代谢出的废浊物，又可能影响气机的升降，导致气逆、气滞、聚湿、停痰而引发疾病。故而妊娠病的治疗，不可一味补母体之虚，或一气攻邪气之余。妊娠病的治疗原则，曾先生力主既要治病，又要安胎。治病当分寒、热、虚、实，病去则胎自安；安胎又当主以补肾培脾。补肾是固胎之本，而培脾是益血之源。本固血足，则胎易安，并明确指出"胎前宜凉"的安胎原则，用于气盛有热者相宜，对于气虚偏寒者则不当。故不可固执"清其热则血不致妄行而能养胎"，亦不能盲目推崇黄芩、白术为安胎圣药。

在妊娠用药方面，曾先生主张凡属峻下之品（如巴豆、芫花、甘遂、大戟、

大黄、芒硝、赤芍等）、滑利之品（如葵子、滑石、车前子等）、行血之品（如川芎、赤芍、归尾等）、破气之品（如桃仁、红花、苏木、水蛭、虻虫等）、耗气之品（如麝香、沉香等）、破血之品（如枳实、三棱、莪术等），以及大辛大热（如附片、肉桂、丁香）及有毒之品（砒石、水银、轻粉、铅粉等），都要慎重使用或禁止使用。特别是一些常用药物，如当归、川芎、滑石、车前子、通草之类，在某些病情下当选用，但药物又有碍胎儿，容易引起流产或早产，则更需注意。如病情必须使用，胎尚无动殒之象，则在用药时严格掌握剂量，务当中病即止，以免过而伤胎。

六、提出恶阻转归三期

在妊娠疾患的研究中，曾先生首重恶阻一病。恶阻虽与孕期机体状态有关，以妊娠特殊生理状态为发病的内因。但这种由生理而引发的病理，可因人因治而预后不良，严重影响孕妇健康，甚或变生他病，危及孕妇的生命。因此，她提出必须对恶阻的发展过程及其转归从 3 个方面加以认识。

1. 积极早期治疗

此时恶阻病情较轻。胃虚者，可用六君子汤加生姜、藿香、旋覆花；虚寒者，可用理中汤加桂心、丁香；虚热者，可用增液汤加竹茹、乌梅；肝热者，可用温胆汤合苏连汤。

2. 精心中期抢救

若未经治疗或治疗不当，则恶阻病情由轻转重，由此病转生他病，此时救治恶阻的原则有二：其一是急救。恶阻患者因频频呕恶，药食难进，已有亡阳之危。虽有独参、生地、生脉之剂，若呕不能进，则需立即静脉给药补液，亦可配合灸涌泉、足三里、内关、三阴交等穴位。其二是滋肾柔肝，益气健脾。当危象被纠，可不失时机地遣用五阴煎（熟地黄、白芍、五味子、党参、白术、茯苓、甘草、怀山药、白扁豆）。以方中熟地黄滋水益阴，白芍、五味子柔肝化阴，四君补气健脾，怀山药与白扁豆益脾阴。用于恶阻之重症，再加生姜降逆止呕。除对恶阻重症加以救治之外，应注意疾病间的病机转化。如胃虚恶阻，因呕恶重创脾气，可导致脾虚水湿泛溢，出现"子肿"；肝热恶阻，因阴伤阳亢，肝阳内动，可导致"子痫";而胃液肝阴的耗损之极,伤竭肾阴,又可导致"堕胎小产",从而使恶阻之病情更为繁杂,转为晚期。

3. 评估预后

如治不得法或延误治疗,虽呕吐之症,亦可导致阴伤阳损,阴阳双亡而死亡。

七、强调从肾气、冲任、气血治疗胎漏、胎动不安

对于妇(产)科临床常见的胎漏、胎动不安之证(即"先兆流产"),曾先生强调肾气、冲任、气血之变故。因胎在母腹,赖母体之气血滋养。气血通过冲任方能达到胞中,胞系于肾,冲任亦系于肾,故胎儿在母体中生长发育之机理,概言之:气以载之,血以养之,肾以煦濡之,冲任以固之。如气血不足,冲任不固,不能载胎、养胎、系胎、固胎,则可见孕后漏血淋漓、胎动不安。因此,保胎安胎不宜套用徐之才"逐月养胎"之法。因徐氏倡导之妊娠,"一月用乌雌鸡汤、补胎汤;二月用艾叶汤、黄连汤;三月用雄鸡汤、茯神汤……"过于笼统,亦有其适应证的局限性。胎之所以不安,病因不同,病机亦异,不辨寒热,不审虚实,恐安之不安,反至胎堕。保胎需依据病情,采用调气、养血、补肾、固冲任之法,用药当慎用活血、行血、辛燥动血之品。未见下血者,不宜用理血药,如当归、川芎、赤芍、牡丹皮等;如流血较多,小腹胀痛及下坠加重,或胎儿已死腹中者,又当促其流。

八、从脾虚肝郁论治妊娠肿胀

妊娠肿胀一病,表现为孕妇肢体面目浮肿或肿胀不适。曾先生归其病机为脾气偏虚,或肝气郁滞。孕妇脾气素虚,或生冷损伤脾阳,输化无权,水津不行,停于肌腠,若脾虚不能制水,影响肾阳敷布,水气不化,又可加重其肿。肝气郁滞,气机不畅,滞甚则作胀。脾虚者治在健脾行水,用白术散(白术、茯苓、大腹皮、生姜皮、陈皮),肿甚者加桂枝。肝郁气滞,气机不畅作胀者,用天仙藤散(天仙藤、香附子、陈皮、甘草、乌药、生姜、木瓜、紫苏叶)。妊娠心烦的

发病机理，重在火热乘心，神明不宁。因孕后血聚养胎，阴虚不能上乘于阳，致阳升火逆上乘于心；或亢阳夹肝气上升，或夹痰气上逆，以致心神不安、烦躁不已。因此，其治当以养阴清热、安神除烦，用人参麦冬散（人参、麦冬、茯苓、黄芩、知母、生地黄、炙甘草、竹茹）。妊娠痫证的发病机理系肝风内动，因孕后血以养胎，若孕妇素有阴虚，则此时肝肾之阴更虚，筋脉失养，肝阳偏亢，风阳内动而病作。其治宜养血柔肝、潜阳镇逆，佐以豁痰宣络，用羚角钩藤汤（羚羊角、钩藤、桑叶、菊花、贝母、鲜竹茹、生地黄、白芍、茯神）。以上妊娠肿胀、妊娠心烦、妊娠痫证三病，虽表现各异，或以肢体胀满，或以心神不安，或有神迷抽搐，但都有孕后阴血养胎，而肝失血养，肝阳偏亢之虞，故三病之治均不可再耗其阴血。同时，由于肝阳偏亢克侮脾土，肝阳偏亢上助心火，肝阳偏亢内动肝风，故三病之间常可见相互波及。如肿胀不适者，既见烦心，又见眩晕；或抽搐之前常见心神不安。临证务须全面收集病史及症状、体征，并要主动预见疾病转归，勿使肝阳之亢导致危险之证。

九、从气血论治难产

对于分娩过程中由于产力异常导致的难产（包括胎死不下、胎衣不下），曾先生主张从气血论治。因为胎之能够自然娩出，胎衣能够完整排出，全赖母体气血之畅旺、推动。若气血虚弱失于推动，或气血瘀滞碍于推动，则难产作矣。其治虚则补而调畅气血，可用蔡松汀难产方（黄芪、当归、茯神、党参、白术、枸杞子、川芎、龟甲）；胎衣不下者，宜选人参生化汤，同时选用中极穴先针后灸；若系胎死腹中而无力以运者，可用疗儿散（人参、当归、川芎、牛膝、乳香、鬼臼）补气益血下胎。实则调而畅气血，可用脱花煎（当归、川芎、桂枝、牛膝、车前子、红花）；胎衣不下者，可用黑神散（熟地黄、当归、芍药、蒲黄、肉桂、炮姜、炙甘草、炒黑豆）加牛膝温经散寒，活血化瘀，并用艾叶炒热熨小腹。曾先生尤其强调，难产之催生不宜投猛药下胎，以免伤损产妇气血。如若胎衣不下，因胎儿娩出已大伤产妇之气血，机体疲乏至极，而产后之出血又易停瘀，故又当照顾多虚多瘀之特点，于补气益血方中佐以行瘀，如生化汤之用桃仁、川芎；或于活血祛瘀方中佐以益血，如黑神散之用当归、地黄。至于胎死腹中，日久不下变生他疾，或大量出血，均可危害孕妇，则当及早促其排出，可佐以下胎之品，如鬼臼、车前子、芒硝，三者在用药上虽有轻重之别，但都不属峻厉攻伐。但如临产之后久产不下，或产后胞衣久停不下，流血过多有欲脱之势，除急予大剂独参汤固脱外，当同时施以产科处理。

十、提出五证为纲论治不孕症

曾先生强调不孕之论治，首当辨属男女何方有病，不能病在丈夫，误责其妻，治之女方，其结果徒耗药材，延误丈夫治病时机，又因治不对路反增其妻其他病。其次，若系女方问题导致不孕，又当辨其系先天性缺陷或后天性损伤导致的器质性不孕，或是他病所致的功能性不孕。若属药物治疗难以奏效的器质性病变所致的不孕，则不能夸大药物作用，耽搁患者手术治疗的契机；若系他病所致的不孕，则应认真辨其虚实寒热，积极施治。

根据多年临床经验，结合不孕患者的月经情况、全身状况包括体型精神状况等，曾先生提出不孕的常见类型有血虚、血热、肾虚、寒湿、肝郁等五证：①血虚不孕的临床特点是面色萎黄，精神较差，形体虚弱，时有头晕目眩，月经量少而淡，且有时退后而至，舌淡苔薄，脉虚细或沉细。②血热不孕的临床特点是面赤唇红，形体不衰，饮食二便正常，经前自觉头晕喉干、口苦，舌微红，脉数。③肾虚不孕的临床特点是形体正常，精神较差，性情沉静，平时腰部酸胀，小便多，月经量少，性欲减退，舌质淡，苔正常，脉沉迟或涩。④寒湿不孕的临床特点是面色黄滞，自觉下腹不暖，引及腰部作冷，四肢倦怠，懒于动作，有时足肿，口淡无味，喜食辛辣，月经略有推迟、色淡，有白带，舌质淡，苔白厚而润，脉沉迟。⑤肝郁不孕的临床特点有平素精神郁闷，不喜言笑，胸胁不舒，肠鸣腹胀，睡眠多梦，月经偶有延期，舌质淡红，苔白黄微腻，脉弦数。

曾先生治疗不孕症的经验是：①血虚不孕者，宜补血，用养血资生汤（秦当归、熟地黄、丹参、香附、桑寄生、续断、阿胶珠）或叶天士坤厚资生丸（熟地黄、当归、白芍、川芎、丹参、茺蔚子、香附、白术）。②血热不孕者，宜清热养阴，用清热养阴汤（生地黄、牡丹皮、杭芍、黄柏、玄参、女贞子、墨旱莲）。③肾虚不孕者，宜温肾养血，用加减苁蓉菟丝子丸（淡苁蓉、覆盆子、菟丝子、淫羊藿、枸杞子、蕲艾、桑寄生、秦归、熟地黄）。④寒湿不孕者，宜温寒燥湿，用温寒暖宫汤（厚附片、明沙参、白术、苍术、砂仁、云茯苓、香附、蕲艾、秦归、川芎）。⑤肝郁不孕者，治宜疏肝解郁，用疏肝化育汤（秦归、酒芍、茯苓、白术、软柴胡、香附、牡丹皮、红泽兰、蕲艾）。临证亦须随症加减，不得拘于一方一药。

十一、浅议小儿用药

儿科作为一个专门分科，始于唐而盛于宋，隋唐时期孙思邈所著《备急千金要方·少小婴乳方》是儿科最重要的中药历史文献，两宋时期儿科中药也得到了更进一步的运用和发展，作为此时期的代表人物钱乙被后世称为儿科鼻祖，其所著《小儿药证直诀》更是对儿科临床用药进行了极大的丰富和发展。

小儿从出生到成年，处于不断生长发育的过程中，无论在形体、生理、病理等方面，都与成人有所不同，年龄越小越显著。中医学认为小儿之体乃稚阴稚阳之体，隋代巢元方《诸病源候论》曰："小儿胎生，肌肤未成""小儿脏腑之气软弱易虚。"小儿阴阳均未充盛，脏腑娇嫩，形气未充；生机蓬勃，发育迅速，稍有不慎即易患病，且病易虚易实，易寒易热。病理上表现发病容易，传变迅速；脏器清灵，易趋康复。因此，不能简单地把小儿看成是成人的缩影。

小儿疾病的治疗大法，与成人基本相同，由于小儿生理病理特点，故在药物剂量、药物选择、给药方法上都具有独到之处。因小儿体质"稚阴稚阳"，疾病变化迅速，易虚易实，因此，小儿治病必须争取时间，及时治疗。在用药上必须做到治疗快、用药准、剂量适宜。由于小儿脏腑娇嫩、形气未充，用药稍有不当，极易损害脏腑功能，并可促使病情加重，清代吴鞠通《温病条辨·解儿难·儿科总论》中提出"其用药也，稍呆则滞，稍重则伤，稍不对证，则莫知其乡，捉风捕影，转救转剧，转去转远"。因此，小儿用药，不仅要及时、正确，而且因脏腑娇嫩、柔弱不足，还必须谨慎，选药宜清（清灵、轻清），若所选中药含有大苦、大寒、大辛、大热、攻伐之品时，用量宜偏小，健脾益气、消食化滞、补气补血之剂用量可稍偏大，同时在治病同时也要顾护小儿生长发育期的脾胃，不可乱投补益。

论著提要

川派中医药名家系列丛书

曾敬光

一、奠定《中医妇科学》教材的基本框架

在调入成都中医学院后，曾先生便全身心地投入到中医妇科这一学科的初创和学术理论的发掘、整理中，并结合临床实际加以总结、规范。1959 年，卫生部组织编写全国中医学院第一版系列教材时，《中医妇科学讲义》由曾先生主笔。

第一版中医学院试用教材《中医妇科学讲义》是从汗牛充栋的中医古籍中精挑细选出的妇科精华部分，结合了当时中医妇科学的发展成果，分门别类，编纂成书，总论篇阐述了妇女的生理、病理特点，妇科的辨证、治疗规律，妇科疾病的预防、卫生知识；各论篇将妇科疾病分为五大类，即月经病、带下病、妊娠病、产后病、杂病，分述了常见病证的病因、病机、辨证、治法和方药。讲义不仅采撷历代医家之精华，使之系统化、条理化，而且实事求是地指出了前人尚未完善的内容。如在总论篇中，强调"妇科的生理特点和病理变化表现在经、带、胎、产等方面，而冲任二脉主持着这些作用，因此，所有的妇科疾病都必然影响冲任二脉的功能发生"，提出"冲、任的盛衰与妇女的经带胎产有直接的关系""冲任充盛，则体健经调，胎产正常；冲任受损，则可引起妇科的各种疾病"，精辟地指出了妇科不同于其他临床学科的主要特点。在中医妇科领域中，最早提出了以冲任为中心来研究女性生殖系统的新思路、新见解，为后来形成"冲任损伤是妇科疾病的基本病机和最终病位"的中医妇科理论奠定了基础。

一版教材编写时间虽过于仓促，但由于她为中医妇科学勾画出了前所未有的轮廓，灌注了新的活力，因此在教学与医疗中都获得了很高赞誉，以至 3 年后二版教材《中医妇科讲义》重订本的编写，又众望所归地落到了曾先生肩上。

二版教材的学术体系渐臻完善，总论部分除系统论述了妇女的经、带、孕、产等生理特点和妇科病的病因病机外，还充实了诊断概要，即加强了临证基本技能的内容。各论部分的病种已由原来的 34 病，增加至 44 病。每病分列概论、病因病机、辨证论治。辨证论治部分详列了主要证候和证候分析、治疗原则、方药和方解，强化了各病理、法、方、药的一线贯通。这种编写体例一直为此后的各

版教材所沿用。

二版教材不仅内容更为充实，而且还在中医妇科学的发展史上第一次增补了"经断前后诸症"这一新病种，并全面地论述了该病的病因病机与辨证施治，提出"肾气衰弱、冲任虚损"是该病发生的主要病因，"补肾气、调冲任"是该病的主要治法，并根据本病作为心身疾病的特点提出用药"不宜辛燥之品耗伤气血"及"调情志、节嗜欲、适劳逸、慎起居"等摄身要点。"经断前后诸症"的增补，促进了中医妇科学学科体系的完善和发展。实践证明，用"补肾气、调冲任"的方法治疗经断前之月经紊乱（更年期功能出血），用滋肾或温肾法治疗经断前后参差出现的全身症状，包括一些情志和躯体症状，中医中药具有不可替代的优势。这种从"调补肾阴肾阳"论治"经断前后诸症"的观点，至今仍为更年期、老年期妇科病证的研究者所推崇与遵循。

20世纪80年代初中期，衡阳会议后掀起"振兴中医"的高潮，对中医药教材的编写也提出了更高的要求。此时年近七旬、身体欠佳的曾先生接受卫生部和出版社的邀请再度出山，担任全国高等医药院校统编教材《中医妇科学》第五版的副主编工作，并主撰各论篇最具中医学优势，也是临床最为常见的月经先期、月经后期、月经先后不定期、月经过多、月经过少、经期延长等6个病证，同时担任与该版教材配套的教学参考书《中医妇科学》的副主编。

五版教材的月经病前六节，其编写体例是全书的样章。在每病的"概论"部分，追根溯源简述了各病发展的历史沿革；"病因病机"则首先归纳出该病发生的主要机理，再根据临床常见病因病机条分缕析；"辨证论治"则突出各病证的辨证要点、主要证候与治疗原则，并择要介绍各证型的临床随证加减用药；每病之后均列有相关"文献摘要"供学者深入学习古医籍时参考。尤其值得称道的是，她首次将中医妇科认病识病、预测疾病转归的临床思维方法纳入中医妇科学的教科书中。教材中新增的"诊断要点"栏目，强化了中医妇科学"三基"知识的运用，不仅使每病的论述更加科学、系统、完善，也使教材内容更加贴近医疗实践。如"月经先期"中，"本病的临床特征以周期提前7天以上，并非偶然一次者作为诊断依据""应注意与经间期出血鉴别""月经先期若伴经量过多，可发展为崩漏，临证应注意经量的变化"；"月经后期"中，"周期延后7天以上，并连续出现两个周期以上作为诊断依据""育龄期妇女周期延后，应注意是否妊娠""若以往周期正常，月经延后半月以上并伴有阴道出血，或伴有小腹疼痛者，应注意排除妊娠出血病证""月经后期如伴经量过少，无论虚实，常可发展成为闭经"；"月经先后不定期"中，"如出现经量过多，或经期延长者，常发展为崩漏，应予重视"；"月经过多"中，"经量明显增多，在一定时间内能自然停止，是本病的诊断要点""如经量特多，暴下如注，或下血日久不止，或伴有周期紊乱，则已发展为崩中之证"；"月经过少"中，"以月经周期基本正常，经量很少，甚或点滴即净，为本病的诊断要点""已婚育龄妇女应注意因服避孕药而致的月经过少""早孕而有激经者，常易与月经量少混淆而被忽视，当注意鉴别""经期延长难尽，应与赤带和漏下鉴别"等。曾先生在深刻领悟前贤经验基础上，结合自身临证所得而归纳出的各病治疗原则，亦是该版教材的精华所在。如月经先期应按疾病的属性或补或泻，或养或清；虚而夹火重在补虚，当以养营安血为主；脉证无火应视病位所在，勿妄用寒凉。月经后期治在温经养血，活血行滞。月经先后无定期贵在补肾疏肝，调理气血、冲任；肝气郁滞的宜疏肝理气，肾气亏损的应补肾调经。月经过多的治疗大法为经期宜摄血止血，总宜慎用温燥走而不守之品，以免动血耗血。月经过少因虚多实少，治法重在濡养精血，即使是瘀滞亦多属气血有伤，慎不可恣投攻破，以免重伤气血，使气血难复。经期延长重在缩短经期，故经期以止血为要。瘀血阻滞以通为主，阴虚血热则养阴清热、安冲宁血，不宜概用固涩药。

总之，五版教材使中医妇科学理论体系进一步深化和完善，曾先生作为副主编和主笔，以超乎寻常的学术水平，为中医妇科学的教材建设做出了不可磨灭的贡献。她担任副主编的高等中医院校教学参考丛书《中医妇科学》同时被台湾知音出版社作为高级中医研究的参考丛书在台湾和东南亚地区出版发行。

曾先生任主编的教材和教参还有：中医学院试用教材《中医妇科学讲义》，此教材曾被日本人翻译并在日本发行；中医高级参考丛书《中医妇科学》。任副主编的高级教学参考书还有：全国高等中医院校教学参考丛书《中医妇科学》。此外，主编或参编的其他自编教材和参考书还有：1958 年以来与全国知名中医妇科专家卓雨农先生之子，中西医结合专家卓启墀合编的，供西医学习中医班使用的《中医妇科学讲义》；与中医妇科专家刘敏如、卓启墀合编的，供医学系 3 年制学生使用的《妇科学讲义》；包括其在内的成都中医学院老中医经验整理组编写的

《成都中医学院老中医医案选》（1977 年出版）。此外，还有《中医常用名词简释》一书中有关妇（产）科名词 100 余条；《中医妇科临床手册》、中医医学丛书《中医妇科学》、中医医学丛书《中医学基础》等。

二、对中医脉学的认识

　　曾先生对中医脉学有着很深的见解，1959 年与邹仲彝在《成都中医学院学报》上发表了《中医的脉学》一文。其认为切脉是中医诊断疾病的重要环节，为中医"四诊"之一，主要是从脉象变化来考察气血的正常与变异，脏腑的强弱、正邪的消长等，为临床找出方向，为治疗提供依据。切脉不仅有它的科学价值，而且有它的实际意义，是必须继续发扬的一门科学。

　　脉为血之府。血在脉中，随气流行，肢体百骸，无处不到，所以又说"脉为气血之先"。正常人气血调和，环流不止，脉亦往来和匀，雍容活泼，是为无病。如果气血受了内外环境的影响，运行发生了变化，则脉象必然会有改变，表现出强弱、大小、缓急等不同的搏动情况，反映出生理功能的异常，从这些异常现象上可以考察出气血的盛衰，脏腑的虚实，病邪的在表、在里、属寒、属热等，从而确定治疗方法，所以说它是诊治疾病不可缺少的一个组成部分。认为脉分为平脉和病脉，平脉是平和的脉象，也就是无病人的正常脉象，我们诊脉，如果能够认识清楚和平无病的平脉，就不难认出它的太过或不及的病脉。所以诊断平脉，在诊脉中占有重要的地位。这里把通常的平脉，分两类叙述于下。

1. 平人的平脉

　　正常无病的人，脉搏是一息四至，不浮不沉，不大不小，不长不短，不迟不数，又有往来和匀，雍容不迫之象，这是正常的平脉。

2. 在特殊情况下的平脉

（1）四时的平脉

　　一年之中，四时的气候不同，春暖、夏热、秋凉、冬寒，人体为了适应外在环境，气血运行亦有所改变，因而脉象也有一定的变化。一般都在正常的脉象基础上兼见四时旺脉：春季脉带弦，夏季脉带洪，秋季脉带浮，冬季脉带沉。如果诊得这些脉搏而含冲和之象，就是四时平脉。

（2）生活起居影响下的平脉

正常人在劳动或饮食后，气血运行亦有改变，脉搏亦较平时不同，一般在劳动、运动或远行、速行之后脉常急，饮酒之后脉常数，饱食之后脉常洪，久饥之后脉常迟缓。如果在以上各种情况下出现这些脉象，亦是平脉。

（3）不同体质、性情的平脉

人的体质不同，性情各别，在这些比较特殊的生理情况下，脉搏亦有差别。一般体肥的脉多沉，体瘦的脉多浮，少壮的脉多实，衰老的脉多虚，性情急躁的脉多弦急，性情温和的脉多迟缓。

此外，还有脉不见寸口，而见于大指后腕侧的反关脉，和尺部与人无异，而寸、关则斜出腕侧的侧关脉（又叫斜飞脉），以及六脉经常细小同等的六阴脉，六脉经常浮大同等的六阳脉。这些都是各人特殊情况的正常反映，亦属于平脉的范畴。

病脉是脉不和平而表现出太过和不及的偏胜偏虚现象，就是有病的征兆，这种脉象就是病脉。病脉的种类很多，古人有分为 10 脉、21 脉、24 脉、28 脉、32 脉等不同。即以现在通用的 28 脉来说，不仅众说纷纭，莫衷一是，而且名目繁多，记忆不便。为了便于掌握运用，必须以执简驭繁的方法，有系统地加以整理，使它在临床上发挥更大的作用。兹根据临床经验，结合脉的形状、至数、动态等，将 28 脉分为太过和不及两大类：太过为阳脉，不及为阴脉。在阳脉中以形状浮、至数数、动态滑的脉象为三大纲，在阴脉中以形状沉、至数迟、动态涩的脉象为三大纲，共分六大纲。至于这六纲所主的疾病及其性质，浮为病之表，数为有热，滑为邪盛或痰盛。总括来说，都是正气不足，所以它反映出来的都是不及的阴脉。以上六纲的形状、至数、动态和它所主的疾病以及它的性质，都是显而易见的。此外，又将病脉分为阳脉、阴脉、危脉和死脉。

我们诊脉首先要辨明它是平脉或病脉，就可知道有病无病，再就病脉中分出太过、不及的阴阳两大类，从两大类中再分出六纲，从六纲中再分出它的兼见脉象和所主的疾病，这样提纲挈领，条分缕析地去认识脉象和辨别疾病，就不难"掌握运用"了。曾老认为脉学实在是中医学的一个重要组成部分，它在辨证上有着很大的决定性作用。这是几千年来临床所证实了的，它是以正常的脉象做标准，在这个基础来考察它的太过和不及的偏阴或偏阳，或与病是否相应，或反乎常态从而分析病情的，顺、危、死以决定疾病的安危和治病的方法。临床上以偏盛为病，与病不相应为危，反常为死。《素问·脉要精微论》云："脉者血之腑也，长则气治，短则气病，数则烦心，大则病进。"《素问·玉机真脏论》："病热脉静，泄而脉大，脱血而脉实，病在中脉坚实，病在外脉不坚实，皆难治。""诸真脏脉坚者皆死也。"这些都给我们指出了脉的生成以及遇脉辨证的意义和分辨病脉、危脉、死脉的关键，在学习时只要能认清正常、偏盛、反常者几个标准，首先掌握无病和平脉象，自能辨认出太过和不及的阴阳偏盛的各种有病脉象，同时也就能辨识出病的属阴属阳、在表在里、是寒是热、或虚或实，再于病脉中进一步去考察它是否符合疾病、是否符合天时、是否反乎常态、有无冲和气象，自不难判断病人的安危和疾病的预后，能更好地指导临床实践，为治疗服务。

川派中医药名家系列丛书

学术传承

曾敬光

曾敬光先生早年拜本乡名中医李虞封为师，1957年调成都中医学院妇科教研组任教，直至1986年退休后仍继续指导研究生，陈天然、张庆文、吴克明等均为曾先生退休前指导毕业的研究生，陈、张、吴作为本学派传人指导培养的学生现已遍布全国，其学术思想也随之传播海内外，产生了良好的学术影响和社会影响。

曾敬光学术传承图

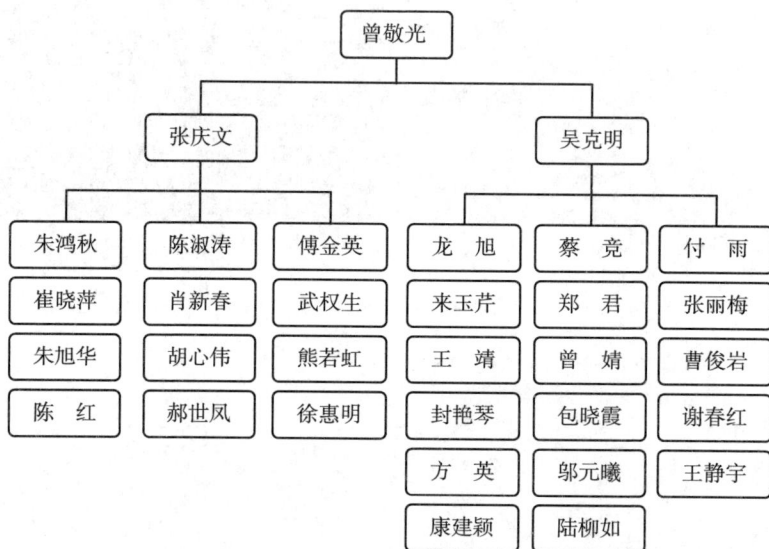

```
                       曾敬光
              ┌──────────┴──────────┐
           张庆文                  吴克明
      ┌──────┼──────┐       ┌──────┼──────┐
    朱鸿秋  陈淑涛  傅金英    龙 旭   蔡 竞   付 雨
    崔晓萍  肖新春  武权生    来玉芹  郑 君   张丽梅
    朱旭华  胡心伟  熊若虹    王 靖   曾 婧   曹俊岩
    陈 红   郝世凤  徐惠明    封艳琴  包晓霞  谢春红
                             方 英   邬元曦  王静宇
                             康建颖  陆柳如
```

一、吴克明治疗月经病与调经种子的临床经验

吴克明教授1982年元月毕业于原成都中医学院医疗系七七级本科，1983年攻读硕士，成为曾敬光的弟子，读研期间在曾先生指导下系统学习了中医经典著作与历代妇科名家的论著，奠定了坚实的中医妇科理论基础，毕业后留校任教，长期坚守在妇科教学、临床和科研一线，现为全国著名中医妇科专家，成都中医

药大学教授、博士生导师，四川省名中医，四川省有突出贡献的优秀专家，成都中医药大学教学名师、优秀研究生导师；兼任中华中医药学会妇科分会常委，四川省中医妇科专委会副主任委员，中医妇科学省级精品课程负责人；主编、副主编或参编各种教材、教参和论著 20 余部，发表论文 100 余篇；先后主持和承担国家级及部省级科研课题 10 多项，4 次获得省级和副省级"科学技术进步奖"。在继承中医妇科前辈学术思想和临床经验的基础上不断总结和学习提高，博采众家学术之长，逐渐形成了自己的临床特色。

1. 助生殖，补肾精，养血活血

吴克明教授根据中医学基本理论结合多年临床经验，强调肾中精气及其蕴含的元阴元阳在女性经、带、胎、产特殊生理中的主导作用，凡生殖功能低下一类病症都应责之于肾精亏虚和肾气不足，认为多囊卵巢综合征（PCOS）的发病机理主要在于肾虚精亏，瘀血阻滞，兼夹肝郁气滞和痰湿壅阻而使胞脉胞络阻滞，针对 PCOS 引起的月经稀发量少，甚至闭经和不孕，主张采用补肾益精、养血活血、调理冲任之法，佐以疏肝理气、运脾化痰之法，常以新加苁蓉菟丝丸加减。该方是成都中医药大学已故名中医卓雨农的经验方"加减苁蓉菟丝子丸"的化裁方，原方载于其所著《中医妇科治疗学》（2010 年再版时改为《卓雨农中医妇科治疗秘诀》）一书，重在补肾填精、温肾暖宫、调理冲任。吴克明在原方基础上加淫羊藿或巴戟天助肉苁蓉温补肾阳，山茱萸、沙苑子补肾固精，茺蔚子、泽兰活血化瘀，炒香附、路路通疏肝理气，命名为"新加苁蓉菟丝丸"，并结合辅助检查动态监测患者的卵泡发育和生殖内分泌变化及时对症用药，广泛用于治疗生殖功能低下一类病症，收到较好疗效。对于临床上同时具备高雄激素血症和胰岛素抵抗等内分泌紊乱特征的典型多囊卵巢综合征患者，往往病程较长、长期闭经或不排卵，在严格掌握用药指征的情况下也常选用相应的西药，如达英 –35（炔雌醇醋酸环丙孕酮复方制剂）和二甲双胍配合中药进行治疗以提高疗效。二甲双胍作为特异性很强的胰岛素增敏剂，本身就是从天然植物中采用现代药学技术提取出来的化学单体，类似青蒿素。吴克明认为，现代中医在西药药理作用及其适应证和禁忌证的前提下是应该可以使用的。

2. 治未病，防卵衰，早诊早治

卵巢早衰（POF）是指 40 岁以下的妇女出现月经停闭 4 个月以上，间隔 1 个月以上，连续 2 次血清生殖激素检查均提示促性腺激素水平显著升高，雌激素水平持续低下，临床表现为继发性闭经、不孕，甚至出现面色潮红、烘热汗出、情绪波动、白带减少、性欲低下、阴部干涩、生殖器及第二性征逐渐退化的类更年期症状。卵巢早衰的具体病因不明，是由多种因素引起的女性生殖功能提前下降和衰退。吴教授根据中医理论和长期临床经验认为，卵巢早衰以肝肾精血亏虚为本，实证较少，属于"血枯经闭"范畴，故中医治疗应着重补益肝肾精血，调理冲任气血，亦常运用新加苁蓉菟丝丸化裁，汤药配合中成药缓图生效，并强调临床不可急于求成，勿以通经见血逞能为快，免犯"虚虚"之诫。他在诊治卵巢早衰中遵循"未病先防宜调养，已病早治防发展"的"治未病"思想，强调早期预防和分期诊治。除药物治疗外，重视心理疏导，取得患者和家属的信任和配合，建立长期治疗的信心。卵巢早衰发生前往往有一个卵巢储备下降的过程，本着"上工不治已病治未病"的思想，凡月经不规律、经量或多或少、未避孕而未生育的患者，应常规检查血清生殖激素。如患者基础 FSH 升高，或任何时期抗苗勒管激素（AMH）低于相应年龄段的正常参考值，即可早期发现卵巢储备下降人群，趁早给予治疗以保养卵巢，或可阻止或延缓卵巢功能衰退进程。如基础激素报告均属于早卵泡期水平，不能认为患者生殖内分泌功能"正常"，只能说明激素检查暂未发现异常，短期内就不必再查基础激素，而应结合 B 型超声动态监测卵泡发育和患者激素变化情况，最好是参考 B 超有了典型排卵迹象，或选择月经来潮前一周左右或月经后半期复查生殖激素，再根据孕激素有无升高以判断究竟有无排卵或是否恢复了排卵。对有早发绝经家族史者，更应加强生殖健康检查。现实生活中，面对生活工作压力和挫折、严重睡眠不足等负面影响，应叮嘱患者调畅情志、平衡心态、缓解压力、保证睡眠与休息、注意劳逸结合等，对于预防本病的发生都是有益的。根据以上认识，凝练出自己"卵巢乃娇脏，早衰需早防"和"卵巢乃娇脏，防衰需保养"的学术观点。

3. 师古法，用古方，匠心独运

（1）定经汤

定经汤出自《傅青主女科》，吴克明认为肝为肾之子，肝郁则肾气亦郁，肾气郁闭不宣，母子不相维系，可致月经先期、月经后期、月经先后不定期、经间期出血、闭经等。故因肝郁肾虚所致的经间期出血，可用定经汤，充分体现了

"异病同治"。

（2）滋水清肝饮

该方为清代浙江名医高斗魁（号鼓峰）的临床用方，载于《医宗己任编·四明心法》（清·杨乘六撰）中，由熟地黄、山药、山茱萸、牡丹皮、茯苓、泽泻、柴胡、当归、白芍、酸枣仁、山栀子组成，乃六味地黄丸合丹栀逍遥散化裁而成，诸药合用，共奏滋阴养血、清热疏肝之功。中医认为，患者年近七七，肾气渐衰，天癸渐竭，故月经紊乱无期。吴教授认为，围绝经期综合征的基本病机为"肾虚为主，多脏受累，阴阳偏颇，气血失和"，早期尤以肾阴虚为多见，常兼肝郁化热，故治疗常选用滋水清肝饮化裁。如常以干生地黄易熟地黄，防其滋腻；阴虚潮热明显者，加知母、盐黄柏；潮热汗出严重者，去当归、茯苓、泽泻，易柴胡为银柴胡，加秦艽、五味子、生牡蛎；失眠者，加酸枣仁、首乌藤；大便干结者，去泽泻，加枳壳、制首乌、肉苁蓉；腹胀纳差者，加枳壳、砂仁；畏寒怕冷者，去山栀子、柴胡、白芍，加巴戟天、仙茅、淫羊藿；咽部异物感者，加厚朴、法半夏、紫苏梗；疲倦乏力者，加黄芪、怀牛膝；月经量少者，加鸡血藤、菟丝子；月经量多者，去当归，加乌贼骨、茜草、仙鹤草；经前乳房胀痛者，加路路通、炒香附；心情抑郁者，加郁金、合欢皮；头晕目眩者，加白蒺藜、沙苑子、钩藤。

（3）安冲汤

安冲汤出自《医学衷中参西录》，是清末民初中西汇通学派代表人物之一的张锡纯治疗妇女崩中漏下的著名经验方。吴克明认为：肾、天癸、冲任、胞宫的作用及其相互关系是月经产生与调节的主要环节，而肾-天癸-冲任-胞宫生殖轴的不稳定，是崩漏发生总的机理。发现临床所见崩漏确实多属脾虚、肾虚之体，即使有寒热之别、虚实夹杂之证，但治病之本终当归于脾肾。据此，将崩漏的发病机理概括为"脾肾两虚，冲任不固"，治疗常选用安冲汤化裁，以补肾健脾、安冲止血。并分出血期和血止期两步治疗，出血期以塞流止血佐以澄源，血止期则对证调理、复旧善后。同时嘱患者出血多时，宜卧床休息，观察血压、脉搏等情况；出血持续不净者，应注意阴部清洁，严禁游泳或性生活；贫血重者，应积极纠正贫血；饮食宜清淡营养，平时可酌情少量服一些补肾养血、调气和血的中成药，如通脉大生片、女金丹丸、八珍颗粒、益血生胶囊、胎宝胶囊等。如此塞流佐以澄源、澄源佐以复旧，根据患者不同年龄阶段，止血后或着重补肾益精促排卵，或着重补肾疏肝调周期，在临床上每获良效。

4.治痛经，重调摄，提前用药

原发性痛经患者多为青春期女性，由于年龄较轻，大多对经期生理卫生和保健的意识尚没有足够的认识，往往因摄生不慎，不忌寒凉生冷，或淋雨涉水而致寒邪外侵，内伤阳气，寒凝胞脉，使气血运行不畅，胞宫经血流通受阻，而致"不通则痛"。在引起功能性痛经的诸多因素之中，吴克明提出"阳虚血寒"为痛经的基本病因病机，"气滞血瘀"为主要病理改变，故治疗痛经特别叮嘱经前、经期注意保暖和认真服药，即使每月只有一天腹痛，也应至少服药 10 天左右，并且连续治疗三五个月，不能仅仅把中药当作"止痛药"来吃。他根据中医理论结合近 30 年的临床实践，遵循标本兼治的原则，以补肾温通、理气活血为大法，常选用艾附暖宫丸化裁治疗阳虚血寒兼气滞血瘀型痛经，提前用药加上生活调摄，每获良效。

5.明诊断，治疑难，中西整合

吴克明在长期的临床实践中，深刻理解中医妇科与西医妇科各自的基础理论、诊断方法、治疗优势和不足，在临床上坚持"能中不西，衷中参西，中西整合，提高疗效"的原则，强调现代中医医生临床看病不能仅局限于古法，单凭舌脉症状即开方治病。古人在当时的历史条件下运用思辨方法，通过四诊合参、辨证论治确实为中华民族的健康和繁衍昌盛做出了难能可贵的贡献，给人类留下了独树一帜的宝贵文化遗产。我们作为现代中医临床专科医生，既要传承传统的中医理论和治疗经验，也要熟谙现代医学的理论和知识，有机整合中西医两法。首先尽量明确疾病诊断，对疾病的发生发展和预后转归有一个比较清醒的认识，临床上才能做到心中有数、扬长避短、优势互补、提高疗效，故临证诊治妇科疾病时十分重视利用 B 型超声、内分泌激素测定（包括生殖激素、胰岛素、甲状腺激素等）、血液生化（包括肝肾功能、凝血功能、免疫功能和抗原抗体）等辅助检查手段来弥补传统中医四诊方法在收集患者病情资料时，客观上存在的不足和缺陷，并能够娴熟地运用中西医理论，根据各种辅助检查报告结合患者其他病史资料全面综合分析，以明确疾病的诊断，并借以判断疾病的临床期别和类型、病情轻重、用药剂量，检验和衡量治疗效果，强调"先议病，次议证，再议法，后议药"，常常获得患者好评和良好疗效。

二、张庆文教授临床经验

张庆文，女，教授（二级岗位）、主任中医师、博士生导师，系曾敬光先生培养的硕士研究生，后继续本校攻博后留校工作，曾任成都中医药大学妇科教研室秘书、脏腑病证研究室副主任、成都中医药大学附属医院院长助理、成都中医药大学科技处副处长、教务处主持工作的副处长、高教研究与评价中心主任、第十与第十一届全国政协委员，现任农工民主党四川省委驻会副主任委员。

曾主持或主研国家教育部、国家中医药管理局、四川省科技厅、教育厅项目10 项，研究中药三类新药 1 个，获四川省科技进步二等奖 1 项、三等奖 1 项，获成都市科技进步二等奖 1 项、三等奖 1 项，获国家教学成果二等奖 1 项，四川省教学成果一等奖 1 项，卫生部规划汉英双语教材《中医妇科学》副主编。是四川省有突出贡献的专家，培养博士研究生 8 名，硕士研究生 31 人，在读 10 人。临床擅长治疗排卵障碍导致的月经不调、不孕、经前期紧张综合征、围绝经期综合征，以及妇科炎症、先兆流产等。

1."异病同治"疗效佳

柴胡疏肝散出自《景岳全书》，为调肝理脾之名方。张庆文用柴胡疏肝散加减治疗各类妇科疾病，认为用此方的要点：一是证属肝郁，二是无明显虚证。女子以肝为先天，肝藏血，主疏泄，性喜条达，恶抑郁，肝体阴而用阳，具有贮藏血液和调节血流、血量的生理功能，肝又有易怒、易热、易虚、易亢的特点。妇人以血为基本，若素性忧郁，或七情内伤，或他脏病变伤及肝木，则肝的功能失常，表现为肝气郁结、肝郁化火、肝经湿热、肝阴不足、肝阳上亢和由此而表现的相关病机，影响冲任，导致妇产科疾病。表现为月经后期、经前期综合征、经前乳房胀痛、不孕症、更年期综合征等疾病。如张庆文认为，经行头痛是指每遇经期或行经前后，出现以头痛为主要症状，经后辄止者。本病的发生无论虚实均与肝的关系密切，善从肝气、肝血加以论治，在临床中运用柴胡疏肝散加减治疗经行头痛取得了良好的疗效。

2. 临证尤重"问经期"

张庆文从月经疾病的诊治、妇科其他疾病及女性其他病证这三个方面理解"问经期",认为妇女尤必问经期,不仅仅在妇科经、带、胎、产方面具有较大的指导意义,在妇科其他疾病的诊治方面也是不可或缺的,在其他女性疾病的辨证论治方面也有很大的帮助。

月经伴随在女性一生中最重要的时期,反映女性的生殖内分泌情况,是女性周期最主要的外在表现。月经疾病在妇科病中占有较大的比例,临床常见的有月经不调(先期、量少、后期、先后不定期等)、崩漏、闭经、痛经等。调理月经,首先要了解患者平素正常月经情况及异常情况,现代中医妇科总结出"肾 – 天癸 – 冲任 – 胞宫"的生殖轴来指导临床,提出中药人工周期疗法,以整体观念为指导,以肾的阴阳转化为主要依据,通过辨证论治来调节全身脏腑阴阳气血的动态平衡,从而提高机体本身的调节能力,使内在因素能正常发挥作用,把女性的周期月经分为经后期(又称阴长期,月经来潮以后血海空虚,阴血不足,正值蓄养精血的生理阶段,故宜滋肾养精血,以促使阴血恢复,达到重阴的生理状态)、经间期(继经后期由阴转阳的转化期,为促使由阴转阳的变化,此时应在补肾阴的基础上加入温肾助阳及活血之品,使阳施阴化出现氤氲之候,即是诱发排卵之意)、经前期(又称阳长期,经过经间期的转化,阳气活动逐渐增长,治疗以补肾阳为主,佐以滋阴,至周期末,不但阴血充沛,而且阳气旺盛,达到重阳的生理状态,为行经或孕育做好充分准备)、行经期(月经来潮,经血下行,阳气亦随之泄泻,标志着上一个周期的结束,下一个月经周期的开始,是"推陈出新"重阳转阴的过渡阶段,故用药应因势利导,以调和气血调经为主)四个周期,采用周期疗法调经,结合以往月经周期、末次月经时间及妇科 B 超提示子宫内膜厚度、卵泡大小情况等判断目前患者所处的月经阶段,按照上述周期疗法处方用药。张师非常重视经后期的调理,常常给予补肾调经、气血同调之品,以自拟参归精血汤为基础加减。如果患者月经周期不规律则根据 B 超及生殖激素水平来推断目前患者所在周期情况,选择相应的处方用药及给药方式和剂量。

女性带下分泌受体内雌孕激素的影响,带下量会随着月经周期性变化而变化,在两次月经间期即排卵期可见带下量增多、质稀、透明、拉丝度好等,有些妇人不知此,误认为带下量多而就诊。张师认为,详细询问月经情况可了解其是正常生理情况，如果是经期前后出现带下量增多、有异味等情况，须了解患者月经情况，结合 B 超及白带检查了解是否患有子宫肌瘤或卵巢肿瘤，还是一般的带下病等；又如附件包块，在经前期女性附件包块可能是生理性的卵巢黄体，待经后期其会自行消失，一般不需要治疗，但需防止其破裂、扭转。此外，以妇人腹痛就诊的也较多见，必须了解其"经期"情况，根据末次月经情况排除妊娠相关性疾病，主要有异位妊娠、早孕 – 先兆流产导致腹痛，一般伴有停经史、阴道流血、乳胀、恶心呕吐等症状；在孕产方面尤其需要重视，根据其平素月经周期情况，推断早孕可能，不能盲目给药；还有结合末次月经、产检情况可判断患者妊娠周期，进而初步了解胎儿大小与孕周是否相符，根据末次月经判断预产期等；又如外阴、阴道、宫颈炎症的局部检查和治疗、盆腔肿瘤的手术治疗也都要参考行经时间；而安、取宫内节育器也要考虑月经周期，根据其选择最佳的治疗方案和治疗时间，一般选择在经净后 3 ~ 7 天，一方面有助于局部有充分的时间在下次行经前恢复，另一方面避免感染，经期经血外流，宫口开大容易感染。

在女性其他病证方面，月经正常与否对判断女性患者的整体情况是很有帮助的。如果患者有月经异常、颜色发黑、血块多，中医来讲就是体内有瘀血，所以用大剂量的中药活血化瘀后，头疼自然就好了；如患者长期失眠、烦躁、头晕眼花、腰酸乏力，提示其气血不足，询问月经周期就可能有推后、经量少等症状，可以帮助我们辨证治疗；用药方面也需参考月经情况，患者其他疾病可能需要用一些攻下活血化瘀之品，但如果该患者平时月经量较多，甚至崩漏者，则不宜在经期使用化瘀之品，故应该结合月经情况，适当调整用药。因此，临床上女性患者应当询问其"经期"，避免误诊误治。

3. 辨证论治活用药

张庆文治疗精气血亏虚型月经后期重视肝脾肾同调，尤重补肾。但若经血久不下行，则应以通经为先。月经后期以肾虚精亏、气血虚弱为主要病机，故补肾填精、益气养血为其主要治法。然而久病多瘀，瘀血阻滞于冲任、胞宫，使血海不能如期满溢，进而加重月经后期甚至闭经。"瘀血不去，新血不生"，故而治疗月经后期习以血府逐瘀汤通引先行，继用参归精血汤补益续后，同时兼顾阴阳消长的规律，灵活选药。

血府逐瘀汤出自清代王清任的《医林改错》，由桃红四物汤合四逆散（以生地黄易熟地黄、赤芍易白芍、枳壳易枳实）加桔梗、牛膝组成。全方以活血化瘀药为主，配以疏肝理气之品，寓行气于活血之中，使疏泄正常，则气郁得散，血瘀得除。并且，行气活血兼养血益阴，祛瘀即能生新，寓补于攻之中。临证常去桔梗，加鸡血藤、泽兰、桂枝、路路通等以养血活血通络，使祛瘀务尽，从而为新血的生成做好准备。

参归精血汤补肾填精、益气养血，应用于非行经期，立意是通过补肾填精、益气养血，达到血旺经调的目的。具体用药如下：党参、白术、黄芪取两味以益气健脾，取补后天以养先天之意；枸杞子、菟丝子、覆盆子、山茱萸、淫羊藿中取三味以补肾填精；熟地黄、生地黄、当归、白芍、赤芍、川芎中取四味以养血柔肝，取其养血调经之意。

临床上，应用参归精血汤需灵活加减。脾气虚弱者，加陈皮、山药、茯苓、甘草等以益气健脾；经血偏少者，加鸡血藤、桑椹、何首乌等以补益精血；血不养心者，加丹参、酸枣仁、柏子仁、合欢皮、远志等以补血养心，交通心肾；大便秘结者，加郁李仁、桃仁等以润肠通便；津气双亏者，加黄精、天花粉、北沙参等益气生津；气滞不畅者，加路路通、厚朴、鸡矢藤、槟榔等以行气通经；肝郁气滞者，加柴胡、郁金、制香附等以疏肝理气；痰瘀内阻者，加苍术、半夏、鳖甲、三棱等破血行气，化痰散结。

4. 因时制宜显重点

按中医学的基本观点，张庆文认为排卵障碍导致的临床问题，辨证论治首当分虚实两大类。由肾虚、脾虚、肝血不足等导致的属虚证；由痰湿、瘀滞等导致的属实证；另外亦有虚实夹杂之证。临床上以患者妇科主症的特征，结合形气舌脉，参考辅助检查等，辨证论治、异病同治。面对临床上不占少数的排卵障碍患者，其虽无明显的虚证，但也无明显的实证，这类患者基于排卵是性成熟女性自然的、周期性的生理过程，张师认为应归属于不足范围，所谓"至而不至"。张师认为经后期是血气复生、生殖之精生长的关键时期，也是辨证属虚和/或无明显实证的排卵障碍病例治疗的关键时期，提出经后期重肾阳对纠正排卵障碍的重要性。

肾阳源自先天，盛于后天血气的不断充养。因此，重肾阳，尤其是在经后期这一特定的"月亏"阶段，通过温填肾精以长阳，补健脾气以促阳，调养肝血以助阳，以肾阳的促生促长促化，缩短经后期精血复充的过程，达到纠正卵泡迟迟不能成熟且易滋生他病的目的。依此认识，张师拟定参归精血汤，主要药物有淫羊藿、覆盆子、山茱萸、枸杞子、菟丝子、熟地黄、当归、何首乌、白芍、党参、黄芪、白术等。临证常按二、三、四结构分别取脾药（气）、肾药（精）、肝药（血）。同时根据补而不滞、温而勿燥的原则择需选用川芎、鸡血藤、柴胡、香附、丹参等行血调气凉血之品；根据性效归经、药达病所的目的，选用牛膝、桂枝、艾叶等引药下行、温经暖胞之品。

5. 经方加减有妙用

绝经前后诸症是指妇女在绝经前后，围绕月经紊乱或绝经出现烘热汗出、烦躁易怒、心悸失眠、情志不宁等症状，亦称"经断前后诸症"，即西医所谓的"绝经综合征"。对于肾阴虚型绝经前后诸症，张师习以青蒿鳖甲汤合知柏地黄汤加减治疗，临床取得良好效果。

青蒿鳖甲汤出自于《温病条辨》，主要功用为养阴透热，由青蒿、鳖甲、生地黄、知母、牡丹皮五味药物组成。方中以鳖甲滋阴退热，青蒿芳香清热透热，生地黄甘凉滋阴，知母苦寒滋润与鳖甲、青蒿同用以增强养阴生津之功。知柏地黄汤出自《医宗金鉴》，主要功用为滋阴降火，系六味地黄汤加知母、黄柏而成。方中熟地黄、山茱萸滋补肾阴；山药滋肾补脾；牡丹皮泻阴中之火，使火退而阴生；泽泻泻肾邪，养五脏，补虚损；茯苓健脾渗湿；知母、黄柏滋阴降火。两方加减共奏滋肾阴、生津液、泻虚火、退虚热之效，使潮热出汗、心烦失眠等症状很快得到控制。临证加减：急躁易怒者，加柴胡 10g，栀子 10g；失眠者，加炒酸枣仁 30g，首乌藤 30g；月经失调者，加益母草 15g，制香附 10g；烘热汗出者，加煅龙骨 20g，煅牡蛎 20g，浮小麦 30g；口干者，加天花粉 15g；皮肤感觉异常（蚁走感）者，加防风 10g，当归 10g。

6. 匠心独运促妊娠

在临床助孕上，张庆文除了根据不同证型外，还结合月经不同阶段用药，提倡根据月经周期气血变化特点而"择期论治"，达到因势利导、顺水推舟的作用。卵泡期，血海空虚，阴阳气血不足，当补肾、益气、养血，方选参归精血方，以促进卵泡发育；经间期，是阴阳转化，卵子排出的关键时期，在补肾、益气养血的基础上，加以活血化瘀之品促进阴阳转化，以利卵子排出，如荔枝核、路路通、王不留行等；黄体期，阴阳气血俱盛，为孕卵着床做准备，当补肾健脾、填补肾精，常用寿胎合四君子汤加淫羊藿、熟地黄等有利于健黄体，改善子宫内膜，提高孕育的成功率；月经期，如经血当下不下，B超提示子宫内膜厚度大于0.6cm以上的，方选血府逐瘀汤加减，以活血化瘀通经，因势利导，促进经血排出。

在治疗上，主张从整体出发，详辨阴阳、虚实、寒热，而后立法用药，使肾精得充，气血充盛，经血得调，则胎孕自成。对无明显实证患者的助孕治疗，以肾为本，气、血、精并调，适时通经活络，以自拟参归精血为主（党参、白术、黄芪、枸杞子、山茱萸、淫羊藿、菟丝子、覆盆子、熟地黄、生地黄、当归、白芍、赤芍、川芎）。临证可辨证加减：气虚脾弱者，加茯苓、山药、甘草、陈皮等健脾；经血亏少者，加桑椹、首乌、鸡血藤、三七、女贞子等补血；血不养心者，加酸枣仁、柏子仁、合欢皮、远志等以养心安神；血虚肠燥者，加郁李仁、桃仁、红花等补血润燥；津血双亏者，加黄精、天花粉、北沙参以养血生津。此方通过补气、填精、养血，达到血旺经调，经调胎孕成的目的。而对有实证患者的助孕治疗，则祛邪扶本（肾），随证加减。临床以自拟三贝地甲煎（三棱、浙贝母、鳖甲、地龙等中药组成）。痰湿型者，加陈皮、茯苓化痰湿，姜半夏化痰开窍，苍术燥湿健脾、辟秽、祛风湿，枳壳、香附、川芎疏肝解郁，调节血海疏泻，使经血按天癸泌至之节律盈泄有期，从而达到化瘀通络，化痰软坚的功用；瘀血型者，加当归、川芎、桃仁、红花、牛膝以活血化瘀通经，使胞宫因久失盈泄而瘀滞之血得以清逐，牛膝补肝肾，走而能补，善于引血下行而入肾，从而使阴血充足，胞脉得养而能摄精成孕。

7. 弛张有度治"闭经"

张庆文认为肾气来源于肾精，肾精秉赋于先天，但需后天脾胃水谷之精不断充养，只有脾（胃）气血化源充足，肾精才可充沛，精血方能富足，月经才能正常来潮，所谓"冲脉隶于阳明"。又肾藏精，主生殖，为月经之本；脾胃水谷之海，为气血化生之源，亦为经血之源。然肝藏血，主疏泄，为行经之司，故肝之调畅使血海充盈有度，月经才能如期来潮。因此，肝的疏泄功能正常也是"月事以时下"的必要条件。在临床上，肾虚精亏，或脾虚血亏，或肝郁脾虚，或肝郁肾虚均可导致血海空虚而继发闭经。张师治疗继发性闭经注重肾肝脾三脏同调，尤重补肾，强调辨病与辨证结合、养血与活血结合，并在药物治疗的基础上重视心理疏导和饮食调节。

针对肾肝脾三脏在继发性闭经中的重要性和肾在其中的主导性，张师用自拟方参归精血汤（党参、炒白术、当归、川芎、熟地黄、白芍、黄芪、覆盆子、淫羊藿、枸杞子、山茱萸、鸡血藤、柴胡等）补肾健脾，疏肝理气，养血活血。强调补肾健脾，使血海经血充盈，补肾调肝使血海藏泄有度；补肾调肝健脾，根据治疗阶段虽有不同配搭，而补肾大法则贯穿治疗的始终。如治疗初期，多以补肾健脾养血为主，佐以活血，使其补而不滞，引血归经；治疗中，出现阴道分泌物增多、乳房胀等经潮先兆时，转为补肾疏肝理气、活血养血，使其破而不泻，引经来潮。月经来潮后，月经量少，治疗以健脾补肾养血为主，使其经血充裕而血海满盈。

临床治疗继发性闭经时，首先了解患者的性腺轴功能及子宫、卵巢等发育情况，排除器质性疾病。在功能性因素导致的继发性闭经中，若 LH、FSH、E_2 水平低下，子宫内膜菲薄，无排卵者，则习用淫羊藿、覆盆子、紫河车等补益精血之品；若面部痤疮或 PRL 水平增高，加用丹参、牡丹皮、益母草等凉血活血药；若有形体肥胖，痰湿内盛者，则加用苍术、白术、半夏、陈皮、薏苡仁、胆南星等化痰祛湿药；若有情绪急躁、头目胀痛、口苦者，加用夏枯草、郁金等清泄肝火之品。

在病证结合治疗的同时，强调养血与活血相结合。因为本病以虚证居多，即使是实证，亦多为本虚标实之证。故临床上，非经期以补肾养血，疏肝健脾为主，使气血恢复，脏腑平衡，血海充盈，预培其源；经期则适当加用活血化瘀药，因势利导，引血下行，提高疗效。故平时以自拟参归精血汤为主，经前以王清任血府逐瘀汤加减。张师认为，闭经治疗目的不是单纯月经来潮，见经即停药，而是恢复或建立规律性月经周期，或正常连续自主有排卵月经，一般以三个正常月经周期为准。但闭经之证多虚实夹杂，缠绵难愈，很多闭经患者调治时则经行，药停后又闭止，治非一日之力，不可妄行攻补，急切图功，辨证施治要分清主次，权衡证情之轻重缓急，有计划地分阶段治疗。

川派中医药名家系列丛书

学术年谱

曾敬光

1918 年 6 月，出生于四川省双流县华阳镇。

1925 年，就读于清末秀才罗宇先生私塾。

1928—1932 年，成都市双流中兴镇女子小学求学。

1937 年春，考入四川高等国医学校。

1938—1939 年冬，就读于中医教育家李斯炽创办的四川国医学院。

1941 年，在中兴镇（原双流华阳）开业行医，同时拜本乡儿科名医李虞为师，继续学习。

1947 年，任成都市中医诊疗所医师。

1949 年秋，兼任四川国医学院教师，讲授中药课。

1950 年 12 月，在成都市新巷子街二十号附 5 号开业行医。

1951 年，任成都市卫生工作者协会秘书。

1953 年，入卫生部重庆西南中医进修学校学习。

1954 年，成都市第二公费医疗门诊部中医师。

1954—1955 年，抽调至成都市"乙型脑炎"治疗组，与当时省人民医院、成都市第一人民医院、成都市第三人民医院的儿科专家共事两夏，挽救濒于死亡的患儿。

1954 年 6 月，同时兼任四川省成都市中医进修学校儿科教员。

1956 年，成都市第一人民医院中医师；担任中医妇科学家卓雨农先生助理，将主攻方向转向中医妇科。

1957 年，调入成都中医学院（即现成都中医药大学）妇科教研组任教。

1959 年 3 月，《成都中医学院学报》发表《中医的脉学》一文。

1960 年，主持编写中医学院试用教材《中医妇科学讲义》，各论列 34 个病种。

1964 年，主编中医学院试用教材重订本《中医妇科学讲义》，各论病种由 34 病增至 44 病。

1966 年，重庆万家烧伤抢救队成员。

1970 年，由成都中医学院派赴盐亭，成立教育革命小分队，任教于四川盐亭贫下中农医学院。

1975 年，乐山一区赤医队成员。

1978 年，被批准成为第一批成都中医学院（现成都中医药大学）中医妇科学硕士生导师，被评为院级先进工作者。

1979 年 6 月，于湖南宾馆参加全国中医辞典审稿会。

1979 年 9 月，招收中医妇科学第一位硕士研究生。

1981 年 3 月，被评为副教授。

1983 年，受广州中医药大学妇科罗元恺教授邀请，在广州举办的全国中医妇科高教师资班授课。

1984 年，再次受邀担任习称"五版教材"的全国高等中医药院校统编教材《中医妇科学》副主编，配合罗元恺教授编写教材。

1986 年，为曾敬光与刘敏如教授共同主编的高级参考书《中医妇科学》，撰写了绪言、月经病及主要参考书简介。

1986 年退休，继续指导研究生，培养了成都中医学院首三届中医妇科硕士研究生。

1987 年，晋升为教授。

1988 年，担任高等中医院校教学参考丛书《中医妇科学》副主编。

1991 年 4 月，作为《中华大典·医学分典》论证会代表参会。

1991 年 10 月，刘敏如、曾敬光共同编写教材《中医妇科学》。

2010 年 5 月凌晨 4 点 22 分，逝世于成都中医药大学附院，享年 92 岁。

参考文献

川派中医药名家系列丛书

曾敬光

［1］曾敬光.中医妇科学讲义［M］.北京：人民卫生出版社，1961.

［2］曾敬光.中医妇科学［M］.北京：人民卫生出版社，1986.

［3］刘敏如，谭万信.中医妇产科学（第二版）［M］.北京：人民卫生出版社，2011.

［4］邹仲彝，曾敬光.中医的脉学［J］.成都中医学院学报，1956（2）：61-65.

［5］贺丰杰，吴克明.西部精品教材·中西医临床妇产科学［M］.北京：中国医药科技出版社，2012.

［6］邸文淑，谷云等.吴克明教授"治未病"思想在防治卵巢早衰中的运用［J］.辽宁中医药大学学报，2012（5）：152-153.

［7］雷露，张文艳等.吴克明教授运用新加苁蓉菟丝丸治疗多囊卵巢综合征的经验［J］.广西中医药，2012，35（5）：49-50.

［8］熊婷婷，黄丽等.吴克明教授运用补肾活血法治疗卵巢早衰［J］.吉林中医药，2013，33（9）：884-885.

［9］王君明，贾玉梅，崔瑛，等.基于以雷公藤甲素为主要抗癌活性成分的雷公藤毒性研究进展及对策［J］.时珍国医国药，2012，23（3）：558-559.

［10］邱勇龙，胡南等.雷公藤多苷对系统性红斑狼疮患者卵巢功能影响因素分析［J］.广东医学.2011，32（24）：3214-3215.

［11］付雨，吴克明.雷公藤多苷致大鼠生殖功能低下模型初探［J］.甘肃中医，2010，23（1）：26-27.

［12］肖家岭，邸文淑等.吴克明教授治疗经间期出血经验［J］.实用中医药杂志，2012，28（4）：299-300.

［13］程贤英，张庆文.柴胡疏肝散在妇科病中的应用［J］.云南中医中药杂志，2012，33（2）：35-36.

［14］王琼，张庆文.浅析柴胡疏肝散加减治疗经行头痛［J］.云南中医中药杂志，2012，33（9）：33-34.

［15］曾敏慧，张庆文.浅析"妇女尤必问经期"［J］.西部中医药，2012，25（12）：29-30.

［16］杨可可，曾敏慧等 . 张庆文治疗精气血亏虚型月经后期经验［J］. 河南中医，2013，
　　　33（1）：34-35.

［17］朱鸿秋，张庆文 . 张庆文论治排卵障碍性疾病临床经验［J］. 辽宁中医杂志，2011，
　　　38（11）：2140-2141.

［18］王铭霞，张庆文 . 青蒿鳖甲汤合知柏地黄汤加减治疗绝经前后诸症浅析［J］. 成都中
　　　医药大学学报，2009（12）：37.

［19］王慧鸽，张庆文 . 中药助孕经验点滴［J］. 黑龙江中医药，2010（1）：28.

［20］官丽萍，张庆文 . 张庆文教授治疗继发性闭经的经验［J］. 甘肃中医学院学报，
　　　2011，28（6）：20-22.